A PODEROSA
VOZ DE DEUS

HERNANDES DIAS LOPES

A PODEROSA VOZ DE DEUS

hagnos

© 1999 por Hernandes Dias Lopes

1ª edição: agosto de 2002
5ª reimpressão: abril de 2021

REVISÃO
Equipe Hagnos

DIAGRAMAÇÃO
Imprensa da Fé

CAPA
Cláudio Souto

EDITOR
Aldo Menezes

COORDENADOR DE PRODUÇÃO
Mauro Terrengui

IMPRESSÃO E ACABAMENTO
Imprensa da Fé

As opiniões, as interpretações e os conceitos emitidos nesta obra são de responsabilidade do autor e não refletem necessariamente o ponto de vista da Hagnos.

Todos os direitos desta edição reservados à
EDITORA HAGNOS LTDA.
Av. Jacinto Júlio, 27
04815-160 — São Paulo, SP
Tel.: (11) 5668-5668

E-mail: hagnos@hagnos.com.br
Home page: www.hagnos.com.br

Dados Internacionais de Catalogação na Publicação (CIP)
Câmara Brasileira do Livro, SP, Brasil

Lopes, Hernandes Dias

A poderosa voz de Deus / Hernandes Dias Lopes. São Paulo, SP: Hagnos 2002.

ISBN 85-88234-58-1
Bibliografia

1. Deus: amor 2. Deus: vontade 3. Revelação. I. Título.

02-4224   CDD 231.74

Índices para catálogo sistemático:
1. Deus: Voz: Revelação: Teologia Cristã   231.74

Editora associada à:

Sumário

Introdução 11

1. A natureza, o teatro da glória de Deus 15

2. Bíblia, a biblioteca do Espírito Santo......................29

3. Jesus, a suprema comunicação de Deus 45

4. A revelação gloriosa de Deus 59

Conclusão 75

Dedicatória

Dedico este livro ao nobilíssimo presbítero José Scherrer, fiel servo do Senhor Jesus, pregador fervoroso do Evangelho, a quem Deus já convocou à sua eterna glória,

Por ter sido ele, nos idos de 1977, o instrumento que o Espírito Santo usou para me despertar para o sagrado ministério da pregação da Palavra.

Prefácio

Foi-me profundamente deleitosa a leitura, ainda que in-fólio, deste opúsculo que ora o público evangélico do Brasil recebe em suas mãos.

Há obras que são maiores que seus autores; há, por outro lado, autores que são maiores que suas obras. No entanto, na "Poderosa voz de Deus", tanto o autor como a obra desaparecem para que a voz de Deus seja ouvida. Nem por isso, contudo, deixei de ouvir a voz do Rev. Hernandes, que, do púlpito da Primeira Igreja Presbiteriana de Vitória, se faz ouvir por longos anos.

Creio sinceramente que os benefícios espirituais que adquiri ao ler as páginas seguintes se repetirão poderosamente no coração daqueles que realmente desejam experimentar o Deus que quer tornar-se conhecido pelas multiformes sonoridades de sua maravilhosa voz.

Rev. Cícero Brasil Ferraz
Jaú(SP), abril 1999.

Introdução

Verdade gloriosa é o fato de que o Deus soberano é o Deus que fala e é tão eloqüente em sua voz, quanto é profundo em seu amor. Para conquistar a nossa atenção, Deus move o céu e a terra. Se for preciso escolher entre a nossa segurança eterna e o nosso conforto terreno para falar ao nosso coração, certamente ele optará pelo primeiro.

A voz de Deus vem no fogo, na tormenta, no vento, na tempestade, na brisa suave, no conselho de um pai, na exortação de uma mãe, na palavra de um amigo, na leitura de um livro, na exposição das Escrituras, na melodia de um hino. A voz de Deus ecoa nos milagres, na visitação dos anjos, nos atos de juízo. A voz de Deus é meiga como a voz da ama que acaricia o seu filho; mas também, forte como a tempestade desaçaimada. Para conquistar você, Deus vai sussurrar, chamar, gritar, tocar, trovejar aos seus ouvidos. Seu alvo não é deixar você sossegado, é salvar a sua vida.

Deus usou a tempestade para ir atrás de Jonas, o profeta nacionalista. Ele jogou o arrogante Saulo de Tarso ao chão para falar-lhe ao coração e converter-lhe a alma. Deus fez uma mula falar para repreender a rebeldia do profeta Balaão. Ele desbaratou as divindades do Egito para quebrar a dureza do coração de Faraó. Ele fez chover codornizes no deserto para entupir a boca de um povo empanturrado de murmuração. Deus continua falando. Muitas vezes sua voz vem suave como o cicio brando que soprou na caverna, tirando de lá o Elias picado pelo veneno da depressão. Outras vezes, sua voz é tão forte como a voz de uma trombeta que anuncia a chegada do juízo. A voz de Deus vem, ora como o vento impetuoso, como no Pentecoste ou como uma orquestra de anjos, que cobre os céus, como na primeira noite natalina. Deus sempre fez soar a sua voz. Deus não deixou de falar. Ele não está mudo. Importa-nos ouvir e discernir a sua voz, entender a sua mensagem, obedecer as suas ordens e fazer a sua vontade.

John Wesley foi à reunião do clube santo, na rua Aldersgate, em Londres, onde um membro do grupo estava lendo o prefácio do comentário da Epístola aos Romanos, de Lutero. Ao ouvir aquele trecho literário de 200 anos, seu coração foi poderosamente aquecido. Deus usou a leitura de um livro para inflamar o coração do maior avivalista do século 18.

Deus usou um aviso no culto, sobre a Santa Ceia, para converter o coração de Howell Harris, o maior avivalista galês do século 18. Deus usou uma menina para levar o general Naamã ao profeta Eliseu, para que ele ouvisse a voz de Deus e fosse curado da sua lepra. Deus usou o tímido André, para levar seu irmão Pedro a Cristo, vindo este a se tornar um grande líder da igreja cristã do primeiro século.

Deus usou Guilherme Farell para falar a João Calvino, constrangendo-o a ficar em Genebra. O resultado? Um poderoso avivamento aconteceu naquela cidade, cujos reflexos irradiaram por todo o mundo. Deus usou o Sr. Kimball, um professor de Escola Dominical, para levar o jovem Dwight Moddy a Cristo, vindo este a se tornar o maior evangelista do século 19.

Agostinho, em seu clássico livro autobiográfico "Confissões", fala de uma forma eloqüente da reviravolta profunda que houve em sua vida, quando vivia o terrível conflito entre a paixão crepitante da luxúria e o chamado do Espírito de Deus. Estava ele assentado debaixo de uma figueira, com os olhos inchados de chorar, quando ouviu uma voz: "Toma e lê". Aquela voz caiu no seu coração como dinamite de Deus e como trovão ribombou em seus ouvidos. Ele, então, pegou a Bíblia e leu Romanos 13.13,14: *Andemos dignamente, como em pleno dia, não em orgias e bebedices, não em impudicícias e dissoluções, não em contendas e ciúme; mas revesti-vos do Senhor Jesus Cristo e nada disponhais para a carne no tocante às suas concupiscências.* Sua vida foi transformada ao ouvir a voz de Deus. A partir daí, despediu a amante e seguiu a Cristo.

Deus tem falado muitas vezes, de muitas maneiras. Deus é pródigo na sua forma de falar. A cada um ele fala de uma forma diferente. Sua voz é tremenda. Sua voz despede chamas de fogo. Sua voz faz tremer o deserto. Só a sua voz nos satisfaz. Ele nos fala através da natureza que criou. Ele nos fala através da lei moral que colocou dentro de nós. Ele nos fala de forma especial em sua Palavra e sobretudo, em seu Filho.

O propósito deste livro é ver os diversos matizes da poderosa voz de Deus.

Capítulo I

A NATUREZA, O TEATRO DA GLÓRIA DE DEUS

O universo insondável, vastíssimo, misterioso é obra das mãos de Deus. Não é este mundo o produto de uma explosão nem resultado da geração espontânea. Deus criou do nada todas as coisas. Ele chamou à existência as coisas que não existiam. A matéria não é eterna como queriam os gnósticos. O mundo não foi feito de matéria preexistente como ensinava Platão. O universo não é uma emanação de Deus como querem os panteístas. Deus é distinto da criação. Ele é transcendente sem deixar de ser imanente.

A astronomia é uma das ciências que mais estudam as obras de Deus. Os céus proclamam a glória de Deus. Os atributos invisíveis de Deus são claramente vistos desde a criação do mundo (Rm 1.20). Pierre Simon de La Place, um dos maiores astrônomos do mundo, criacionista convicto, disse que a prova a favor de um Deus inteligente como autor da criação está como o infinito contra um. É infinitamente mais provável que um conjunto de escritos lançados a esmo sobre o papel produzisse a Ilíada, de Homero, do que o universo ter uma outra causa além de Deus.

Michael Horton, estudioso das Escrituras, afirma: *A ciência moderna não poderia ter crescido em país hindu ou budista, porque a essas religiões falta a crença na compreensibilidade do mundo. Um mundo de puro encantamento e pluralidade politeísta não pode oferecer um berço para conceitos tais como leis da natureza, a lógica e a razão.*[1]

James Kennedy, pastor da Igreja Presbiteriana de Coral Ridge, em Fort Lauderdale, Estados Unidos, escreveu um extraordinário livro: *Por que creio?* Depois de acurada pesquisa, o autor elencou várias provas incontestáveis sobre a veracidade irrefragável da criação do nosso planeta pelas mãos de Deus. Nessas obras estupendas e variadas, podemos ouvir a poderosa voz de Deus. A voz de Deus é tremenda, é poderosa, faz tremer o deserto, despede chamas de fogo. Na obra da criação a voz de Deus ecoa majestosamente.[2]

Vejamos algumas dessas provas que são verdadeiros *out-doors* de Deus, megafones do Todo-poderoso!

Acaso ou plano perfeito?

O TAMANHO DO PLANETA – A massa e o tamanho do planeta em que fomos colocados está rigorosamente planejado. Wallace, ilustre astrônomo, disse que se a terra fosse 10% maior ou 10% menor, a vida seria impossível sobre a face da terra. Certamente, a terra não é resultado de uma explosão cósmica. O acaso não produz ordem. Um acidente não desemboca em proporcionalidade rigorosa. O nosso planeta testifica-nos a existência de uma mente infinita em sabedoria e poder, provando-nos a realidade inegável do Deus criador!

A DISTÂNCIA DO SOL – Fred John Meldan, estudioso da matéria, afirmou: "A distância do sol é a distância certa, pois é por isso que recebemos a quantidade certa de luz e calor. Se estivéssemos mais afastados iríamos congelar-nos e se estivéssemos mais perto não sobreviveríamos." Por que sendo a terra um planeta tão pequeno diante da majestade e grandeza do universo,

---

1 HORTON, Michael. O Cristão e a Cultura, p. 118.
2 KENNEDY, James. Por que creio?, pp. 30-32.

é o habitat do homem? Estamos aqui por acaso? A vida animal e vegetal floresceu neste planeta por uma casualidade? Quando abrimos os olhos, vemos que Deus preparou-nos a terra como nosso berço. Quando destrancamos os nossos ouvidos para a verdade, ouvimos a doce voz do Criador, que fez todas as coisas para o nosso aprazimento.

A INCLINAÇÃO DO EIXO DA TERRA – Nenhum outro planeta tem seu eixo inclinado assim – 23 graus. Esse ângulo dá condições para que todos as partes da terra sejam lentamente atingidas pelos raios solares, como um frango que está sendo assado numa churrasqueira. Se não houvesse essa inclinação, os pólos acumulariam uma imensa massa de gelo e as partes centrais seriam quentes demais e inabitáveis. Mais uma vez, fica claro que não fomos colocados neste berço por acaso. Aquele que é maior do que o universo, o seu Criador, o Deus auto-existente, Todo-poderoso, transcendente foi quem criou do nada todas as coisas e deu a terra aos filhos dos homens.

A EXISTÊNCIA DA LUA – Sem a lua seria impossível viver nesse planeta. Se alguém conseguisse arrancar a lua de sua órbita, toda a vida cessaria em nosso planeta. Deus nos deu a lua como uma criada para limpar o oceano e as praias de todos os continentes. Sem as marés originadas por causa da lua, todas as baias e praias se tornariam poços fétidos de lixo e seria impossível viver perto delas. Devido às marés, ondas contínuas se quebram sobre as praias, promovendo a areação dos oceanos da terra, provendo de oxigênio as águas para a obtenção do plâncton, que é a base da cadeia de alimentos do mundo. Sem plâncton não haveria oxigênio e o homem não poderia viver sobre a face da terra. Deus fez a lua do tamanho certo e a colocou à distância exata da terra para realizar essas e outras numerosas e vitais funções. A lua não é apenas um corpo celeste cheio de poesia e romantismo. Ela não é apenas a lâmpada por excelência do noite. Ela não é apenas a inspiradora dos corações inebriados pelo amor. Ela é uma diaconisa do Criador. Ela é uma faxineira do universo!

A ATMOSFERA TERRESTRE – Vivemos sob um imenso oceano de ar. 78% nitrogênio, 21% oxigênio e 1% de quase uma dúzia de outros elementos. Os estudos espectográficos de outros planetas dos sistemas estelares do universo demonstram que não existe outra atmosfera, nenhuma parte do universo conhecido que seja feita desses mesmos ingredientes, nada com uma composição parecida. Embora o homem descarregue uma tremenda quantidade de dióxido de carbono na atmosfera, isso é absorvido pelos oceanos e o homem pode assim continuar vivendo neste planeta. Se a atmosfera não fosse tão espessa ou alta como ela é, nós sería- mos esmagados pelos bilhões de pedaços de lixo cósmico de meteoritos que caem continuamente sobre o nosso planeta. Por trás desta máquina fantástica do nosso planeta, está a mão onipotente de Deus. Ele não apenas criou, ele está presente. Ele não apenas trouxe à existência o que dantes não existia, ele cuida da obra da sua criação. Ele é o Deus que intervém. Ele é o Deus que criou o universo com leis, mas age nessas leis e sobre essas leis. Ele não apenas é o Deus transcendente, também é o Deus imanente.

O CICLO DO NITROGÊNIO – O Nitrogênio é um elemento extremamente inerte. Se não fosse, nós seríamos todos envenenados por diversos compostos de nitrogênio. No entanto, por ser ele inerte, é impossível combiná-lo naturalmente com outros elementos. O nitrogênio é de vital importância para as plantas sobre a terra. Como é que Deus faz para transferir o nitrogênio do ar para o solo? Ele usa os relâmpagos! Cerca de cem mil raios ferem o solo diariamente, criando anualmente cem milhões de toneladas de nitrogênio útil como alimentos das plantas. O papel da ciência não é buscar provas contra a existência de Deus, mas conhecer os mistérios da criação de Deus. A ciência verdadeira, não especulativa, testifica a sabedoria de Deus estampada na obra da criação. Prova, comprova e aprova o fato inequívoco de que as leis da natureza, perfeitas, harmônicas, sublimes não podem ser fruto do acaso. O caos não gera ordem. O acaso não produz leis exatas. A fé não é irracional, mas supra-racional. Por isso, ainda que a ciência não consiga dar-nos todas as explicações, nós cremos pela fé que o universo foi criado por Deus (Hb 11.3).

A CAMADA DE OZÔNIO – A 60 Km de altura existe uma camada fina de ozônio. Se essa camada fosse comprimida, seria reduzida a uns 6 milímetros de espessura, e no entanto, sem ela não haveria vida sobre a face da terra. Oito tipos de raios mortíferos caem sobre a terra continuamente, provenientes do sol. Sem essa camada de ozônio, nós seríamos queimados, ficaríamos cegos, sería-mos torrados em um ou dois dias. Os raios ultravioletas são de duas qualidades: os raios mais longos, que são letais, são rechaçados e os raios mais curtos, que são necessários à vida na terra, são admitidos pela capa de ozônio. E além disso, a camada de ozônio permite a passagem do mais mortífero dos raios, mas em quantidade mínima, apenas o suficiente para matar as algas verdes, que de outra forma, cresceriam e encheriam os lagos, rios e oceanos do mundo. Quanto mais a ciência avança mais ela se aproxima da verdade revelada nas Escrituras. Embora a Bíblia não tenha como propósito precípuo falar-nos de ciência, a ciência não vai de encontro à Bíblia, pois ambas, a Bíblia e a ciência, têm o mesmo autor: Deus.

A ÁGUA – Em lugar nenhum do universo, encontramos água em quantidade, como encontramos na terra. A água existe de forma sólida, como gelo; sob a forma de neve, a água armazena-se nos vales. Como chuva, molha e limpa a terra. Como vapor, fornece umidade para a maioria das terras aráveis. Ela existe como uma cobertura para a terra, na quantidade exata. Como vapor, a água movimenta poderoso maquinário que existe no planeta. Além do bismuto, é o único líquido que é mais pesado a 4 graus centígrados do que quando está congelado. E se não fosse assim, não haveria vida sobre a terra, pois congelada, ela é mais leve e flutua. Se não fosse assim, os lagos e rios se congelariam de baixo para cima, matando todos os peixes. As algas seriam destruídas e nossa fonte de oxigênio cessaria. A humanidade morreria. Muitas pessoas não enxergam, não porque falta luz, mas por causa da cegueira dos seus olhos. As provas e as evidências em favor do criacionismo são irresistíveis. Insurgir-se contra esta verdade incontroversa é afogar a razão no mais profundo obscurantismo, é sufocar e abafar a luz do conhecimento mais notório, é querer ser mais sábio do que Deus, mais poderoso do que o Onipotente.

A POEIRA – Até mesmo a poeira tem uma incrível função em favor da humanidade. Se não fosse a poeira, jamais veríamos um céu azul. A 27 Km de altura não há mais poeira da terra e o céu é sempre negro. Se não fosse a poeira, não haveria chuva nunca. Uma gota de chuva é feita de oito milhões de minúsculas gotículas e cada uma desses oito milhões de gotículas envolve uma ínfima partícula de pó. Sem elas o mundo ressecaria e a vida cessaria. Tudo no universo tem sentido. Tudo que Deus criou tem um propósito. Cada obra da criação tem um ministério a cumprir, uma função a realizar. Deus é o supremo legislador. Ao criar todas as coisas, conforme o conselho da sua vontade, ele estabeleceu leis que deveriam reger a obra da sua criação. Deus é organizado. Ele não criou a terra para ser um caos. O homem com a sua rebeldia e desobediência é que, muitas vezes, insurge-se contra Deus e suas obras e perverte a criação, ora prostrando-se diante da criatura, adorando-a como se fosse o criador; ora, depredando-a como se não fosse dela o administrador.

Se olharmos para a terra como teatro da glória de Deus, vamos ouvir o som mavioso, como de uma orquestra majestosa, onde cada instrumento, ou seja, cada obra da criação, desempenha o seu papel para o louvor do Deus Criador. Assim, podemos dizer que a terra está cheia da bondade do Senhor e a sua glória enche toda a terra. Só os surdos pelo preconceito tresloucado não conseguem ouvir a sua voz na voz da natureza. Esses podem estar surdos, mas sem culpa, jamais! (Rm 1.20).

A grandeza da obra de Deus

Qual é o tamanho do universo? Quais as dimensões do espaço? Quem jamais chegou ao seu último limite? Quantas estrelas, quantas galáxias estão salpicadas neste vastíssimo universo que Deus criou? O universo não é infinito. Infinitude é um atributo exclusivo de Deus. Tudo o que é criado não pode ser infinito. Contudo, apenas o que já foi descoberto e devassado pela ciência já nos deixa abismados.

Esse universo fantástico, complexo e misterioso, regido por leis, não pode ser produto do acaso. Só uma mente soberana, infinita em poder e sabedoria, poderia planejar, arquitetar e criar todas essas coisas. Examinemos, sem as vendas do preconceito, essas provas incorrigíveis.

A TERRA – A terra é apenas um minúsculo grão de areia em relação à vastidão do universo. Todavia, ela tem 40 milhões de metros de circunferência. Já o sol é um milhão e quatrocentos mil vezes maior do que a terra. Fosse ele oco e caber-lhe-ia nas entranhas a terra e a lua. A Alfa Centauro é a estrela mais próxima da terra e dista de nós 300.000 vezes mais que o sol. A velocidade da luz é de 300.000 Km/segundo. Há estrelas que distam da terra cem, duzentos, quatrocentos milhares e até milhões de anos luz. Um ano luz é a velocidade que a luz percorre durante um ano. Os telescópios modernos revelam-nos mais de um bilhão de estrelas.

Todo este vasto mundo estelar que se movimenta no espaço com equilíbrio e ordem veio das mãos do Deus Todo-poderoso. Luiz Waldvogel, em seu *Vencedor em todas as batalhas*, coleciona muitos argumentos eloqüentes em defesa da majestade de Deus revelada na criação. Relata ele que alguém teve a paciência de calcular a distância da terra ao sol: se neste se pusesse um artilheiro e assestasse um canhão contra um habitante da terra, a vítima poderia, depois de despedida a bala, pôr-se a construir pacientemente uma casa, estabelecer-se nela e habitá-la durante 25 anos. Só no fim desse prazo é que o projétil o viria alcançar.

Platão, o grande filósofo grego, dizia que para crer em Deus basta erguer os olhos ao céu. O filósofo alemão Emmanuel Kant dizia que uma das grandes finalidades da astronomia era revelar-nos o abismo da nossa ignorância.

Durante a Revolução Francesa ocorrida em 1789, o humanismo acendrado tomou conta da França. O homem passou a ser o centro de todas as coisas. Entronizaram na França a deusa Razão. Não havia mais lugar para a fé em Deus. Assim é que emissários dessa cruzada ateísta e antropocêntrica saíram por todos os recantos, para que, por todos os meios, pudessem apagar do espírito do povo a idéia de Deus, queimando Bíblias, fechando igrejas e prendendo os crentes. Um dos heróis dessa ímpia empreitada, certa feita, confrontou um camponês, dizendo-lhe que estava ali para destruir a igreja da sua aldeia e varrer da sua mente a tola idéia de Deus. O camponês, com bravura e firmeza, respondeu-lhe: "Então, o senhor primeiro, terá de apagar as estrelas do céu, pois os céus declaram a glória de Deus e o firmamento anuncia as obras das suas mãos."

O CORPO HUMANO – Justino Mendes, em sua obra *Razões de nossa crença*, transcreve uma bela página sobre a complexidade fantástica do corpo humano. Eis como ele descreve essa obra prima da criação de Deus:

Poucos homens há que façam idéia da fábrica grandiosa, exata e engenhosamente ramificada, representada pelo corpo humano. Aí temos o gabinete do diretor, o cérebro. Para as diferentes funções do estabelecimento, acham-se, na direção geral, repartições interiores, que trabalham continuamente na mais perfeita união de vistas com o diretório central. Um grosso cabo, a medula espinhal, com um sem-número de ramificações, os nervos, transmitem, como uma rede telegráfica, as ordens da administração para as diferentes estações, isto é, os órgãos do corpo. Aí temos duas estações telefônicas, os ouvidos, que através da linha do nervo auditivo despacham as impressões sonoras para a grande central situada no cérebro. Encerram os ouvidos, num espaço de menos de uma polegada cúbica, vinte e quatro mil filamentos nervosos, capazes de apreender doze oitavas. Nossos melhores pianos, com seu volume enorme, não comportam mais de seis e meia. Depois temos o aparelho fotográfico da vista, que não precisa senão de uma única chapa sensível para receber um número ilimitado de retratos, sempre novos, primando nas cores deslumbrantes do original. Além de que, cada chapa é remetida instantaneamente à central ótica do cérebro e conservada num escaninho especial, podendo ser reproduzida ad libitum. Depois, temos dois laboratórios de análise química: o olfato e o paladar. Também, temos uma dupla bomba aspirante e premente, o coração através das artérias, sistema de canalização indizivelmente prático e engenhoso, faz circular o sangue por todas as partes do corpo. Este trabalho mecânico eqüivale a erguer o seu próprio peso a mais de quatrocentos metros por hora. Depois temos o sistema de filtração automática dos rins e da pele. Temos, também, a grande instalação calorífica central, que é o aparelho digestivo, o qual, com perda mínima de combustível, irradia calor constante por todo o organismo, expelindo, por meio dos pulmões, os gazes nocivos. Aí temos uma serraria e uma máquina de trituração, que corta e esmiuça o material de que se nutre esse aparelho de combustão. Depois temos um autômato musical, a laringe, maravilhoso órgão em miniatura, onde os pulmões, traquéia e cordas vocais representam as peças correspondentes a foles e tubos, instrumentos susceptíveis de infinitos timbres, tonalidades e nuanças melódicas. Ainda temos, no esqueleto e sistema muscular, uma construção ideal de alavancas e transmissores. Principalmente na construção dos ossos, vemos utilizadas magistralmente as últimas conquistas da engenharia mais moderna. Eis a obra prima do corpo humano. Sois capaz de negar que por aqui andou mão de mestre? Que aqui deixou rastros luminosos uma inteligência criadora, uma onipotência sapientíssima?

John Wilson, da *Universidade Harvard*, oftalmólogo de fama mundial, através de suas profundas investigações científicas, chegou à conclusão que do fundo de cada um de nossos olhos saem 60 milhões de fios condutores, todos encapados. A finalidade desses fios é fazer chegar ao cérebro a imagem de tudo o que vemos. Nossos olhos são de uma complexidade indescritível. Certamente, a mão onipotente de Deus estava por trás desse projeto tão lindo.

O corpo humano é um palco onde resplandece a glória do Cria- dor. Marshall W. Nirenberg, erudito pesquisador, prêmio nobel de biologia, chegou à conclusão, através de acurada pesquisa, que o corpo humano adulto possui cerca de 60 trilhões de células. Cada uma tem 1,70m de fita DNA. Assim, temos no nosso corpo 102 trilhões de metros de fita DNA, ou seja, 102 bilhões de quilômetros de fita DNA, 680 vezes a distância da terra ao sol. Cada célula é uma fábrica ultramoderna, inteiramente automatizada. Possui numerosas máquinas, muitos dispositivos, seções de produção, cadeias de montagem e centrais cibernéticas.

Estão gravadas em cada célula do nosso corpo os nossos caracteres como a cor da nossa pele, o matiz do nosso cabelo, a cor dos nossos olhos e todos os nossos códigos genéticos. Ora, códigos não se originam do acaso, leis tão específicas e tão exatas não provêm de uma geração espontânea. Assim como um rato atabalhoado, correndo de um lado para o outro, sobre o teclado de um piano não poderia tocar a música *serenata ao luar*, também os códigos da vida não podem surgir do acaso. É impossível substituir a obra do Criador pelo trabalho do acaso cego.

Nas páginas dedicadas à criação, a Bíblia contém a seguinte ordem: produza a terra seres vivos segundo a sua espécie, animais e répteis e feras da terra segundo a sua espécie (Gn 1.24). Traduzida em termos científicos, essa ordem soaria: haja uma programação gravada em fitas DNA para cada espécie viva, para todas as espécies de animais, para todas as espécies de plantas e para todas as dos insetos, que viverem nas várias eras geográficas.[3]

Podemos ouvir a voz de Deus nos mistérios da ciência biológica. Podemos ver a beleza da obra de Deus observando os detalhes fantásticos da perfeição do corpo humano. Reafirmamos, portanto, que embora a Bíblia não seja um livro científico quanto ao seu propósito, ela está rigorosamente de acordo com a ciência, pois o autor de ambas é o mesmo.

Michael Horton, corroborando com essa idéia, diz: *Os cientistas protestantes criam que havia dois livros de Deus – o livro da natureza e o livro da Escritura – e que cada um oferecia informação que não se encontrava no outro. Contudo, não eram contraditórios em seus relatos. Embora a Escritura não falasse das mesmas questões que a ciência, a Escritura era vista como coerente com a ciência e, no nível mais geral, esclarecedora dos fatos que passavam por baixo dos olhos da investigação científica.*

O MARAVILHOSO INSTINTO DOS ANIMAIS – É encantador observar o mundo animal. As feras do campo refletem o poder de Deus. Os monstros marinhos também louvam ao Senhor. Toda a obra da criação resplandece a perfeição, o poder e a sabedoria do Deus Criador. Veja a migração das aves, que seguem em bandos, milhares de quilômetros através de terras e mares como que se tivessem combinado prévia e mutuamente. Observe a moderna e segura engenharia das abelhas, bem como a exatidão de seus cálculos na construção de seus favos de mel. Contemple a operosidade das formigas, peritas na construção de suas vivendas, onde não faltam trabalho, organização e previdência.

---

3 RIVALICO, Domênico E. A Criação não é um mito, p. 83.
4 HARTON, Michael. op cit., p. 114.

Quem ensinou as formigas a manter verdadeiros estoques alimentícios, onde alojam com toda a perícia certos insetos, que lhes servem de vaquinhas leiteiras? Quem distribuiu as formigas em classes distintas como formigas costureiras, guerreiras e carregadeiras? Veja a perícia arquitetônica do joão de barro. Quem lhe ensinou a arte de pedreiro e a ciência metereológica de construir sua casa com a porta para o lado menos açoitado pelos ventos e chuva? Quem colocou bravura na galinha doméstica quando ela choca os seus ovos, no instinto de proteger sua prole? Quem ensinou os peixes do mar e dos rios a migrar para águas mais profundas e opacas, no inverno, no tempo da desova, para se protegerem contra os seus inimigos? Quem enviou os peixes que soltam um líquido como fachos de luz nas camadas abissais dos oceanos, onde a luz do sol não chega, para que lá nas profundezas, as plantas pudessem passar pelo processo da fotossíntese?

Os peixes abissais não possuem somente olhos, mas também faróis para iluminar o quadro a ser visto. Se encontram um inimigo mais forte, também com os olhos e faróis, fecham os próprios e emergem nas trevas. Se possuíssem somente olhos seriam cegos. Como explicar todas as soluções inteligentes do problema da vista com o acaso e a seleção natural? Na verdade, toda a terra está cheia da bondade e da sabedoria de Deus. Em toda a criação vemos a marca e a assinatura de Deus. Da vida dos animais ecoa a sublime voz de Deus.

Anaxágoras, o filósofo grego do quinto século antes de Cristo, já dizia, que só se podia examinar a harmonia do universo, pela crença de uma inteligência ordenadora, que é independente, todo poderosa e infinita. Platão, dizia que o homem é contingente. O contingente implica na existência do necessário. Logo, existe o necessário, que é Deus. René Descartes, o filósofo francês do século 16, disse: "Penso, logo existo. Foi Deus que, criando-me, pôs em mim esta idéia, para que fosse como a marca do obreiro impressa sobre a sua obra." Aristóteles, dizia: "Existe o movimento; ora, o movimento supõe um motor imóvel; Deus é este motor, que a tudo move e por nada é movido." Sócrates dizia que o mundo tem ordem e isso supõe uma causa inteligente. Dizia mais: o mundo tem leis naturais e morais e isso pressupõe um legislador, que é Deus. Deus está em toda a parte, diz o Breve Catecismo de Westminster.

Passeando Voltaire certa feita, perguntou a um menino: – "Escute, menino, você vê essa árvore carregada de frutas? Pois elas lhe pertencem todas, se me disser onde está Deus." O menino ficou embaraçado, mas, depois de meditar um pouco, respondeu: – "E o senhor, poderá me dizer onde é que ele não está?" Voltaire saiu cabisbaixo. Vítor Hugo diz: "Há quem negue o Infinito. Alguns também negam o sol: são os cegos."

OS PRODÍGIOS MARAVILHOSOS DA NATUREZA – George Wald disse que "as maravilhas de nossa técnica estão no nível de brinquedos infantis, se comparados com as da natureza."[5] O menor e mais simples ser vivo, um microrganismo composto de célula única, é imensamente mais complexo e mais bem organizado do que qualquer dos nossos cérebros eletrônicos, ainda que seja uma astronave. Um submarino atômico é muito mais simples do que o organismo de uma insignificante ameba, ou um vermículo ou mesmo uma delgada folha de capim.

Há três séculos, a invenção do telescópio abriu as cortinas do Universo aos olhos dos homens. Todos ficaram perplexos diante da majestade extraordinária da criação. A pujança do universo, sua excelsitude e grandeza transcendem em muito a nossa capacidade de entendimento. Dos abismos dos espaços siderais emergiram miríades de estrelas e galáxias. A ciência ficou cara a cara com o imensamente grande. Entrementes, algumas décadas mais tarde, o microscópio foi inventado. Desta vez foi o vasto mundo dos micróbios, das bactérias, das células vivas que saltaram aos olhos dos homens. A ciência, assim, encontrou-se perante o imensamente pequeno. Todavia, a invenção do super-microscópio eletrônico escancarou aos nossos olhos uma terceira imensidão. Na sua tela fluorescente podemos verificar o que sejam realmente as células vivas e os microrganismos em geral.

Vista através do microscópio eletrônico, uma folha já não é uma folha; é alguma coisa que não tem absolutamente nada de comum com a folha; é uma extraordinária metrópole produtiva, imensa, na qual reinam soberanas a organização e a cibernética. É como se uma folha fosse cheia de automatismos, de computadores e de redes cibernéticas. Apenas uma das sessenta trilhões de células vivas do nosso corpo é semelhante a uma

---

5 RAVALICO, Domenico E., *op cit.*, p. 29.

prodigiosa fábrica ultramoderna, inteiramente automatizada, em condições de funcionar sem nenhuma intervenção exterior, capaz de controlar toda a própria atividade. Cada célula é como se possuísse numerosas máquinas, dispositivos, seções de produção, cadeias de montagem e centrais energéticas. Não é tudo. Essa fábrica tão fabulosamente complicada não poderia funcionar nem existir, sem um centro diretor, capaz de coordenar toda a atividade e de fornecer todas as indicações necessárias. A célula possui, portanto, o próprio centro diretor no seu núcleo. Esse centro está cheio de computadores adequadamente programados. A programação é gravada em fitas apropriadas. Hoje podemos compreender que a célula é exatamente automatizada e cibernética. Diante dessas novas e grandiosas descobertas, a Ciência pode afirmar que todo ser vivo está programado em fitas DNA e ninguém pode inserir-se no Reino da vida por iniciativa própria, no sentido em que ninguém pode gerar-se por si próprio, ou ser gerado por uma força mágica qualquer da matéria."[6] A geração espontânea e a evolução, portanto, são uma falácia. Seria necessário muito mais fé para crer na evolução e seus postulados do que crer na afirmativa bíblica de que Deus criou todas as coisas e todos os seres vivos reproduzem-se, segundo à sua espécie.

E.H. Andrews expõe a impossibilidade de crer na evolução e na Bíblia ao mesmo tempo.[7] Ele enumera quatro razões: Primeira, *a teoria da evolução afirma que todas as coisas acontecem por acaso*. Na evolução não existe a mão de Deus criando qualquer plano. Assim, como seria impossível você jogar milhões de letras para o espaço e elas caírem ao chão na forma de um livro, assim também, é impossível o universo ser resultado de uma explosão cósmica ou a vida como a conhecemos ser resultado de uma evolução de bilhões e bilhões de anos. A Bíblia se opõe frontalmente à essa tresloucada teoria da evolução, mas afirma categoricamente: "Tu és digno, Senhor e Deus nosso, de receber a glória, a honra e o poder, porque todas as coisas tu criaste, sim, por causa da tua vontade vieram a existir e foram criadas" (Ap 4.11).

Segunda, *a Bíblia e a evolução contradizem uma a outra*. Equivocam-se aqueles que acham que o relato da criação é uma

---

6 RAVALICO, Domenico E., *op cit.*, pp. 6-9.
7 ANDREWS, E. H. No princípio, pp. 9-17.

descrição mitológica. O relato de Gênesis sobre a criação não é uma fábula. É impossível negar a criação e continuar crendo na Bíblia. É impossível negar a criação e continuar crendo em Deus. Crer na evolução é descrer de Deus e da sua Palavra. A doutrina da criação é o alicerce sobre o qual é construído o edifício de toda a revelação bíblica. Negar a criação é negar a veracidade das Escrituras. Negar a veracidade das Escrituras é negar a autenticidade do cristianismo, é cair no laço de profunda apostasia. O relato bíblico sobre a criação é que Deus criou todas as coisas com um plano, para uma finalidade. Tudo foi planejado, executado segundo a vontade de Deus. Na evolução, entretanto, as coisas acontecem sem plano, ao léu, ao acaso.

Terceira, *a evolução rompe a harmonia entre ciência e fé*. Um fato verdadeiro não pode contradizer outro fato verdadeiro. Se a evolução está certa, a fé é falsa. Se a Palavra de Deus é fiel e verdadeira, a evolução é falsa. Fé e evolução não coexistem. Se a teoria da evolução estivesse com a razão toda a história do cristianismo seria uma falácia. Então, teríamos que admitir que um engano salvou o mundo, uma mentira foi o maior benefício que a humanidade já conheceu. Afirmamos, contudo, com toda confiança e fundamentados nas evidências mais sólidas que a Bíblia e a ciência não se contradizem, pois ambas têm o mesmo autor, a mesma fonte, a mesma origem.

Quarta, *a evolução é em si mesma uma teoria muito vulnerável*. A evolução carece de provas. Ela trabalha com hipóteses e bastante remotas. O livro *Origem das Espécies,* de Charles Darwin, publicado em 1859, traz nada menos que 800 verbos no futuro do subjuntivo: "suponhamos", mostrando a vulnerabilidade de suas teorias. A razão pela qual muitos cientistas acreditam na teoria da evolução, é porque eles não querem crer em Deus. Isso é insensatez. Na verdade, a sabedoria do mundo é loucura, loucura consumada!

Capítulo II

BÍBLIA, A BIBLIOTECA DO ESPÍRITO SANTO

A Bíblia é o livro dos livros, o maior compêndio literário da história. É a carta magna de Deus para a humanidade. É a constituição das constituições. É o supremo código de doutrina e vida. É a nossa única regra de fé e prática. A Bíblia é a voz de Deus em linguagem humana. É o depositário de toda a vontade de Deus para o homem.

João Calvino, o grande reformador genebrino, afirmou que "a Escritura é a escola do Espírito Santo na qual nem se tem deixado de por coisa alguma necessária e útil de conhecer, nem tampouco se ensina mais do que o que é preciso saber."[8]

A singularidade da Bíblia

A Bíblia é o livro por excelência: inspirado por Deus, escrito pelos homens, concebido no céu, nascido na terra, odiado pelo inferno, pregado pela igreja, perseguido pelo mundo e crido pelos eleitos.

---
8 CALVINO, João., Institución de la religión cristiana, libro III, p. 726.

A Bíblia não apenas contém, a Bíblia é a Palavra de Deus. A Bíblia é o livro dos paradoxos: é o livro mais lido e o mais desconhecido. É o livro mais amado e o mais odiado. É o livro mais obedecido e o mais escarnecido. É o mais pregado e o mais combatido. A Bíblia é o livro mais publicado, mais distribuído, mais lido e mais comentado do mundo. Ela é o *bestseller* indisputável no mercado literário de todos os tempos. Fogueiras criminosas tentaram em vão destruí-la. O preconceito e o medo da verdade, muitas vezes, esconderam-na, trancada nas bibliotecas, mas ela sempre saiu incólume e vencedora em todas as batalhas, como a eterna e infalível Palavra de Deus.

De 361 a 363 d.C., Juliano, o apóstata, imperador de Roma, tentou reacender o fogo nos altares dos deuses pagãos e destruir o cristianismo. Ele queria a volta do paganismo. Por isso, mandou queimar todas as cópias das Escrituras. Promoveu sangrenta perseguição contra os cristãos. Em 363, estava marchando em guerra contra os persas. No seu exército, havia vários cristãos. Um desses soldados estava sendo dolorosamente escarnecido e perseguido por alguns dos soldados pagãos. Eles escarneceram dele, bateram nele, jogaram-no ao chão, cuspiram nele e disseram: "Agora diga-nos, onde está o seu Carpinteiro?" Ele respondeu: "Está ocupado fazendo um caixão para o seu imperador." Alguns meses mais tarde, o imperador Juliano sofreu um golpe mortal e, no estertor da morte, ele apanhou nas mãos um punhado de seu próprio sangue que jorrava de sua ferida, jogou-o para o alto e disse: "Venceste, ó Galileu!"

O patrono dos ateus do século 18, Voltaire, combateu implacavelmente a Bíblia e o cristianismo. Disse que dentro de cem anos o cristianismo estaria extinto. Morreu como um louco em 1778. Mas ao invés de seu vaticínio se cumprir, 25 anos depois da sua morte, a Sociedade Bíblica Inglesa e Estrangeira foi fundada e sua casa tornou-se mais tarde sede de distribuição da Bíblia.

Há alguns anos, John Lennon, o famoso líder dos Beatles, no auge da sua popularidade e sucesso, disse que o Cristianismo passaria, dissipar-se-ia e seria encolhido. Altivamente disse: eu não preciso discutir isso. Eu estou certo e ficará provado que eu estou certo. Nós somos mais populares que Jesus. Não tardou, os Beatles se separaram, John Lennon morreu assassinado e o Cristianismo prosseguiu vitorioso.

A Bíblia é a bigorna de Deus que tem quebrado todos os martelos dos céticos. A enxada e a pá dos arqueólogos desmentem a falsa sapiência daqueles que se insurgiram contra a infalibilidade das Escrituras.

A Bíblia tem sido o farol de Deus na escuridão da história. Ela é o fanal que orienta o nauta. Ela é o mapa que norteia o caminhante. Ela revela o coração amoroso de Deus. Na Bíblia os céus e a terra se abraçam. O infinito toca o finito. O eterno invade o temporal. O divino e o humano se encontram.

A Bíblia é o livro de Deus. É o livro do céu. É o livro dos livros. É a biblioteca do Espírito Santo. É o livro que foi muitas vezes acorrentado, mas trouxe libertação; que foi, muitas vezes, queimado nas fogueiras, mas tirou muitas vidas das chamas do inferno. É o livro odiado que tem ensinado o perdão. É o livro que nos mostra o caminho da salvação em Jesus Cristo nos labirintos religiosos deste mundo trevoso.

Três razões sobejas elencamos para evidenciar a veracidade incontroversa das Escrituras: Primeiro, *a sua unidade na diversidade*. A Bíblia é o único livro da humanidade que demorou cerca de 1600 anos para ser escrito. É um livro divino, pois Deus o inspirou. Ela é um livro humano, pois não foi escrita pelo dedo de Deus, mas por homens inspirados pelo Espírito Santo. A palavra é de Deus, mas a voz é humana. Cerca de 40 escritores foram usados para registrar de forma infalível todo o conteúdo da revelação divina. Homens de diversos lugares, de diversos matizes culturais e intelectuais, homens de cultura enciclopédica como Moisés, Salomão e Paulo; homens de vida palaciana como Isaías e Daniel; mas também, homens simples como o boieiro Amós e o pescador Pedro. Esses homens escreveram para pessoas diferentes, em épocas diferentes, em línguas diferentes, mas dentro de uma absoluta concordância e harmonia de conteúdo. Isso é algo insólito, singular, só explicado pela ação soberana de Deus.

Segundo, *o cumprimento das profecias*. A Bíblia não é apenas um livro de história. Ela conta a história antes de ela acontecer. A Bíblia é um livro profético. Ela encerra centenas de profecias que vêm se cumprindo literalmente. As profecias bíblicas não são predições vagas, mas vaticínios rigorosamente específicos. Todas as profecias vétero-testamentárias quanto ao nascimento, vida, milagres, morte e ressurreição de Jesus Cristo, foram cumpridas à risca. Todas as profecias sobre os nossos tempos e a respeito da segunda vinda de Cristo, estão se cumprindo com uma literalidade espantosa. A crise moral, social e espiritual que assola o mundo hoje, está literalmente e minuciosamente descrita na Bíblia há dois mil anos. Nenhum futurólogo poderia prever com precisão aquilo que a Bíblia registrou há mais de dois mil anos. Certamente, o autor da Bíblia é aquele que é Deus de eternidade a eternidade, para quem mil anos são como um dia e um dia é como mil anos. Deus vê o futuro no seu eterno agora. Por isso, ele conhece o amanhã, como se fosse hoje.

Terceiro, *o poder da Bíblia de transformar as pessoas que a examinam.* Quando o homem lê a Bíblia, ele é lido por ela. Quando ele a examina, é examinado por ela. Quando a confronta, é confrontado por ela. Ela é a espada do Espírito. Ela penetra o mais íntimo do nosso ser, ela é lâmpada que clareia a escuridão do nosso coração e lança luz na estrada da nossa vida. A Palavra de Deus é espírito e vida. O mesmo sopro que a inspirou, é o sopro que dá vida ao homem que está morto em seus delitos e pecados. Por isso, ela tem sido luz para as nações, alicerce para a construção das grandes civilizações, parâmetro para as instituições que são guardiãs da justiça, carta magna para o estabelecimento da justiça no mundo e regra infalível de fé e prática para o povo de Deus.

Miguel Rizzo Jr., ilustre pastor presbiteriano, de saudosa memória, exímio escritor, eloqüente pregador, em seu livro *Sozinha,* narra a transformação de uma família e de toda uma vila sem a presença sequer de um pregador. Apenas uma Bíblia foi comprada, lida, e sua mensagem foi um instrumento poderoso e eficaz para realizar o milagre da regeneração pelo poder do Espírito Santo em dezenas de famílias.

No século 18, a Inglaterra estava vivendo uma crise sem precedentes. O país tinha abandonado a Bíblia. Os enciclopedistas agnósticos é que eram lidos com avidez. David Hume, Voltaire e Huxley eram os homens que influenciavam a nação com suas idéias anti-cristãs. O país mergulhou em trevas espessas. A corrupção tomou conta da sociedade. Onde não há profecia o povo se corrompe. A criminalidade cresceu explosivamente. A jogatina, como câncer, estiolou o vigor do país. A imoralidade e a prostituição arruinaram as famílias. Em Londres, de cada seis casas, uma era um bordel. O que os filósofos intelectuais não conseguiram fazer, Deus realizou através da sua Palavra, levantando homens da estirpe de John Wesley e Geoge Whitefield, que na força e poder do Espírito, anunciaram com intrepidez a Palavra e a nação se reergueu das cinzas e experimentou um poderoso reavivamento espiritual.

John Wesley, com lógica demolidora, usava um argumento irresistível para refutar os descrentes na inspiração das Escrituras: *A Bíblia foi concebida por uma das seguintes entidades: 1. Por homens bons ou anjos; 2. Por homens maus ou demônios; 3. Ou então, por Deus. Primeiro, não pode ter sido concebida por homens bons nem por anjos, porque nem uns nem outros poderiam escrever um livro em que estivessem mentindo em cada página escrita, quando lá punham as seguintes frases: "Assim diz o Senhor", sabendo perfeitamente que o Senhor nada dissera e tudo fora inventado por eles. Segundo, não pode ter sido concebida por homens maus ou pelos anjos maus, porque seriam incapazes de escrever um livro que ordena a prática de todos os grandes deveres, proíbe os pecados e condena ao castigo eterno. Portanto, concluo que a Bíblia foi concebida por Deus e inspirada aos homens.*

Por isso, bem-aventurado é aquele que lê, que ouve, que medita, que pratica e anuncia esta Palavra. Quem assim faz é considerado como uma árvore plantada junto à corrente das águas, que jamais murcha e no devido tempo dá o seu fruto. Quem assim procede é bem-sucedido em tudo quanto faz.

A influência das Escrituras nas civilizações

A Bíblia é o farol de Deus que alumia as nações. Todas as civilizações que foram edificadas sobre o alicerce das Escrituras prosperaram. Onde a luz chega, as trevas não prevalecem. Onde a verdade é anuncia- da, o erro é desmascarado. Onde o conhecimento é buscado, a ignorância e o misticismo não florescem. Foi por isso que as nações que cresceram bebendo o leite genuíno da Palavra de Deus, floresceram e progrediram; enquanto aquelas que taparam seus ouvidos à voz das Escrituras, ficaram imersas em um obscurantismo medonho.

Valho-me da obra de Luiz Waldvogel ("*Vencedor em todas as batalhas*"), para evocar vários exemplos da história, que nos provam de forma vívida a influência das Escrituras nas civilizações.

Quando o missionário John Paton terminou a tradução do Novo Testamento na língua africana *aniwan*, um velho chefe indígena perguntou-lhe: "O livro fala?" O missionário respondeu: "Sim, agora ele fala em sua língua." John Paton pôs-se a ler trechos do Novo Testamento para o velho cacique. As palavras entraram em seu coração. Então, agarrando o livro, comprimindo-o ao peito, exclamou: o livro fala, o livro fala! Sim, a Palavra de Deus é viva e eficaz.

Ela continua falando. A Palavra de Deus é espírito e vida. É o sopro de Deus que continua dando vida a todos quantos crêem na sua mensagem salvadora. Onde as Escrituras chegam, e são anunciadas no poder do Espírito Santo, o ocultismo não pode prevalecer, como aconteceu na cidade de Éfeso, onde os neófitos fizeram uma grande fogueira com os seus livros de mágica, rompendo definitivamente com um passado obscurantista, prevalecendo assim, a Palavra de Deus (At 19.20). Onde a luz da Palavra é espargida não há espaço para o analfabetismo. Onde a Palavra é crida, o tecido social não produz nem acoita o mal, mas florescem as virtudes produzidas e desenvolvidas pela obediência às leis de Deus.

Certa feita, chegou à Ilha de Fidji um ateu estadeando sua crença evolucionista a um grupo de cristãos. Com ar de arrogância, blasonando sua cultura atéia, enaltecendo sua pretensa ciência, começou a ridicularizar as Escrituras Sagradas e a menosprezar a fé sincera daqueles nativos. Imediatamente, o chefe daquela tribo dirigiu-se ao altivo ateu, dizendo: "O senhor está vendo aquele velho forno? Ali nós assávamos carne humana; não fosse a Bíblia, sua mensagem e a transformação que Deus realizou em nossa vida, hoje o senhor seria o nosso jantar." A Bíblia fez uma diferença tão grande na vida daquela tribo, que o turista altivo, em vez de ser o jantar, foi convidado para jantar.

A Bíblia não é simplesmente um livro de religião. Ela é a Palavra de Deus na voz humana. Os grandes luminares filosóficos e os fundadores de segmentos religiosos significativos não alcançaram esta verdade eterna. Sócrates defendia a vingança contra os inimigos.

Platão era defensor do infanticídio e da prostituição. Maomé defendia a poligamia. Os Vedas permitem o roubo. A filosofia estóica é fatalista. A filosofia epicurista é hedonista, só busca o prazer do aqui e do agora. Mas a Bíblia é a revelação de todo o conselho de Deus. Onde ela chega, onde sua mensagem é proclamada e aceita, vidas são transformadas, famílias são restauradas, nações são reerguidas das cinzas.

O filósofo ateniense Aristides, convertido ao cristianismo no segundo século, fez uma das mais lindas apologias da vida dos cristãos daquela época, em carta enviada ao imperador Adriano no ano 125: *São esses os que, mais que todas as nações da terra, encontraram a verdade. Fazem o bem a seus inimigos; suas esposas, ó Rei, são puras como virgens, e suas filhas modestas; os homens mantêm-se afastados de qualquer união ilícita e de toda impureza, na esperança de uma recompensa no outro mundo. Ainda, se um deles tem escravos, ou escravas, pelo amor para com eles, os persuadem a tornar-se cristãos, e depois de os haverem feito, chamam-lhes irmãos, sem distinção. Não adoram deuses estranhos, e seguem seu caminho em toda modéstia e alegria. Não se encontra entre eles a falsidade; amam-se uns aos outros, não privando de sua estima as viúvas; e livram o órfão daquele que o maltrata. Aquele que tem, dá ao que não tem, sem se jactar. Quando vêem um estranho, tomam-no para seu lar e com ele se regozijam como se fosse um verdadeiro irmão. Se ouvem que um de seu número se acha preso ou aflito por causa do nome de seu Messias, todos eles provêm solicitamente as suas necessidades, libertando-o, sendo possível. Se há entre eles algum pobre e necessitado, e se eles mesmos não têm alimento de sobra, jejuam dois ou três dias a fim de lhe suprir alimento. Observam com muito cuidado os preceitos de seu Messias, vivendo justa e sobriamente, como lhes ordenou o Senhor seu Deus. Cada manhã e a toda hora dão graças e louvores a Deus por sua bondade para com eles, e por seu alimento e bebida. Tal, ó Rei, é o mandamento da lei dos cristãos, e tal é seu modo de vida.*[9]

Onde a luz da Palavra de Deus clareou as mentes e iluminou as consciências, houve transformações sublimes no coração do homem, no seio da família, nas estruturas da sociedade. Entrementes, onde a

---

9 WALDVOGEL, Luiz, <u>Vencedor de todas as batalhas</u>, p. 151.

Bíblia foi sonegada ao povo, prevaleceu o obscurantismo. Onde a luz não irradia, prevalecem as trevas. Muitas civilizações nasceram num berço de trevas. Muitos povos ainda estão mergulhados em densa escuridão, perdidos nos labirintos de deletérias filosofias pagãs, presos no cipoal de religiões concebidas nas sucursais do inferno, sem a luz da verdade, sem o norte da Palavra de Deus. As nações que foram edificadas sobre o fundamento da verdade, e não obstante esse fato, hoje cambaleiam moralmente, é porque se desviaram do ensino das Escrituras, abandonando a fonte das águas vivas, para cavarem cisternas rotas.

É preciso ressaltar que os grandes avanços sociais que a humanidade conhece são resultado do exame das Escrituras. A escravidão no mundo pagão era de uma desumanidade inominável. Na antiga Ática, por exemplo, havia uma multidão de 400 mil escravos para vinte e uma mil pessoas livres. Em Esparta a proporção era ainda maior. Calcula-se que em Roma metade dos habitantes eram escravos. A condição desses escravos, muitas vezes, era muito pior do que a vida dos animais. Foi o Cristianismo, fundamentado na Palavra de Deus, que trouxe esperança para os desesperançados, libertação para os cativos e um grito de liberdade para os escravos. A abolição da escravatura foi inspirada pelo exame das Escrituras que nos ensinam a amar uns aos outros.

Guilherme Wilberforce, o pai da libertação dos escravos, membro do parlamento inglês, leu na Bíblia que todos os homens são irmãos. Renunciou à sua brilhante carreira política, para lutar com todas as suas forças e influência contra a escravatura. Lutou com galhardia durante 45 anos, até que em 1833, a Inglaterra aboliu a injusta e abominável escravatura. Aqui no Brasil, essa façanha só aconteceu em 1888; isso, porque nestas plagas, sob o domínio português, a Bíblia não era divulgada. Na Rússia, Alexandre, ao libertar os escravos, disse: "Aprendi das Escrituras que todos os homens são irmãos; portanto, homem algum pode pertencer a outro."

A libertação da mulher da barbárie de um machismo cruel também é conquista das Escrituras. Aliás, o propósito de Deus sempre foi de honrar a mulher, por isso a criou à sua imagem e semelhança. A mulher não é inferior ao homem, Deus a tirou da costela de Adão e não dos seus pés. A mulher foi dada a Adão não como uma serviçal, mas como uma auxiliadora idônea, ou seja, aquela que olha nos olhos, sua co-igual. O servilismo feminino foi uma degeneração produzida pela queda.

Contudo, Jesus restaurou a dignidade da mulher, quebrando protocolos rígidos do preconceito contra as mulheres, ao conversar com elas em público, ao receber a colaboração delas em seu ministério, recebendo delas ajuda financeira, fazendo de uma mulher a primeira missionária da sua ressurreição. Quando o Espírito foi derramado no Pentecoste, lá também estavam as mulheres, recebendo o dom e a plenitude do Espírito Santo da mesma maneira e na mesma plenitude que os apóstolos, pois a promessa de Deus era de derramar o seu Espírito sobre os filhos e as filhas, ou seja, sem barreira de sexo. Por isso, as mulheres no Novo Testamento profetizam, servem, discipulam, cooperam, engajam-se no projeto revolucionário do Reino de Deus. Agora, em Cristo, não pode haver nem homem nem mulher, todos são um em Cristo Jesus (Gl 3.28).

Entretanto, na Roma pagã, não regida pelas balizas das Escrituras, o conceito da mulher era a de uma "fera indomável", que o marido tinha o direito de matar ou vender. Mas a Bíblia ensina o marido a amar a sua mulher como Cristo amou a igreja (Ef 5.25-29). Paulo deixa claro na sua primeira Carta aos Coríntios que a mulher tem os mesmos direitos na vida conjugal que o homem (I Co 7.3-5). Hoje, a confusão entre liberdade e libertinagem tirou a mulher do extremo da opressão machista para o extremo do feminismo exacerbado, onde a mulher busca romper com o padrão de Deus, desestruturando, assim, os alicerces da família. É tempo de a família moderna voltar-se para o padrão bíblico!

De um modo geral, a civilização contemporânea deve muito à influência benfazeja das Escrituras. Para perceber isto, bastaria contrastar como a criança era tratada no antigo império romano e como a Bíblia a valoriza. No império romano a sorte das crianças era desesperadora. Havia um local em Roma, a Torre Lactária, em que elas eram expostas e devoradas pelos animais. O pai poderia espancar o filho até matá-lo. Houve pais que usavam desse direito. Valérius Máximus menciona três cidadãos romanos de alta classe, Cássius, Scaurus e Fulvius que foram executados por seus pais. Sêneca relata inúmeros casos de pais matando os filhos.

Cícero, o famoso tribuno de Roma, afirmou que os pais tinham realmente o direito de tirar a vida dos filhos. Contudo, a Bíblia diz que os filhos são herança do Senhor (Sl 127.3). Eles devem ser criados na admoestação e disciplina do Senhor (Ef 6.4). Os pais não devem provocar os seus filhos à ira (Ef 6.4). Os pais devem ensinar os seus filhos com exemplo (Pv 22.6), convertendo os seus corações ao coração de seus filhos (Ml 4.6).

O apogeu da melhor música, que tem atravessado os anos e se imortalizado na história, também foi inspirada pelas Sagradas Escrituras. Ouça "Criação", de Haydn; "O cristão sobre o Monte das Oliveiras", de Beethoven; "O Messias", de Haendel; "Elias e S. Paulo", de Mendelssohn, assim também, Bach, Mozart, Gounod, e saberá que as verdades eternas da Bíblia foram e são a maior fonte inspiradora desta sublime arte!

Um comentarista moderno afirmou acerca de Haydn: "A vida de Haydn é uma formosa e verídica história digna de ser ensinada nas escolas. Haydn percorreu seu caminho desde a obscuridade do seu pobre lar campesino até a fama e glória mundial com uma vida piedosa." Quando ele estava compondo o "Oratório da Criação", foi visto ajoelhado junto ao órgão muitas vezes. Estava suplicando a Deus inspiração para a sua grande obra. Nela aparecem alguns dos trechos musicais mais belos que a humanidade conhece. Acerca de "Criação", digno de nota é o seguinte registro: *Pouco antes da morte do compositor, apresentou-se esse maravilhoso oratório em Viena, em uma série de concertos de inverno, e o velho músico, alquebrado pelo peso dos anos, dirigiu-se ao grande Odeon para ouvir sua obra. O enorme edifício estava repleto. Servos e senhoras, camponeses e proprietários, sentiam vibrar o coração de tal maneira, pelos majestosos coros e os solos sublimes, que quase todos os ouvintes foram levados às lágrimas. No meio, sereno, pálido e mudo, estava sentado o compositor; mas não pôde ficar por muito tempo assim. Quando o coro chegou a esta passagem culminante: "e houve luz!" – Haydn ergueu-se, levantou as mãos trêmulas, volvendo para o céu os olhos rasos de lágrimas, e exclamou: Não de mim; não de mim, mas de mais além veio tudo isto!* Milhares de pessoas do mundo se extasiam com a maravilha musical dessa famosa composição. Mas muito poucos chegam a saber de onde vem a inspiração que imortalizou o gênio do grande compositor. Jesus foi o seu grande inspirador.

Em 1740, quando Johannes Sebastian Bach era organista na Igreja de São Tomaz, em Leipzig, um diário alemão publicou a lista dos melhores músicos da época. Bach figurava em sétimo lugar. Dois séculos mais tarde, em 1940, um diário norte-americano fez minucio- so inquérito entre músicos para conhecer o melhor compositor de todos os tempos. Bach despontou-se em primeiro lugar. Um comentarista desse fato afirmou que Bach parece mais contemporâneo hoje do que no seu próprio tempo. A apreciação da sua arte musical é crescente. A causa daquilo que os próprios especialistas chamam em Bach "a música absoluta", nós a encontramos indicada nos manuscritos do grande compositor: eles começam com as iniciais J.J. (Jesu Juva – Jesus ajuda) e finalizavam com as letras S.D.G. (Soli Deo Glória – Glória só a Deus). A inspiração de Bach provinha do seu relacionamento com Jesus. Jesus era o centro da sua vida, da sua inspiração e da sua arte.

O ponto culminante da pintura e da escultura também recebeu sua inspiração das Escrituras. Miguel Ângelo cinzelou na pedra Davi, Pietá e Moisés. Ao terminar sua maravilhosa obra "Moisés", ficou tão extasiado com sua beleza e perfeição, que atirou-lhe o cinzel, bradando: Parla, parla! (Fala, fala!).

Foi a Palavra de Deus que galvanizou o espírito valente e guerreiro dos cristãos para enfrentarem toda sorte de perseguições. Durante os 300 anos iniciais da era cristã, uma luta sangrenta foi travada. De Nero a Diocleciano, dez vagas de perseguição varreram o Império Romano. As torturas mais desumanas e perversas foram usadas contra os cristãos. Eles foram jogados nas arenas, foram devorados por feras, pisados por touros enfurecidos, rasgados pelas espadas dos gladiadores, presos aos postes e feitos tochas acesas para iluminar as praças e mesmo sofrendo o martírio mais cruel, enfrentavam a morte com desassombro, cantando hinos de vitória. Isso não é um simples sugestionamento barato, mas resultado da profunda transformação operada pelo Espírito de Deus, através da sua Palavra.

O que dizer de Policarpo, martirizado aos 86 anos, cantando hinos ao Senhor por causa da sua fé? O que dizer de Blandina, a escrava cristã que foi torturada, esfolada, queimada, pisoteada e ainda soltava um grito de louvor a Deus de seus lábios? O que dizer da viúva Felicidade que encorajou seus sete filhos a morrerem como mártires a negarem sua fé em Cristo, e depois também foi decapitada, alegrando-se por poder dar ao mundo filhos dignos de morrerem por Cristo e também selar sua fé com o seu próprio sangue? Só a verdade de Deus pode forjar vidas tão firmes quais carvalhos que resistem toda sorte de tempestade.

Philip Schaff, de Yale, afirma que os cristãos primitivos foram acusados pelos pagãos de serem *incendiários* (Nero os acusou de pôr fogo em Roma), *ateus* (porque rejeitavam o panteão dos deuses gregos e romanos), *incestuosos* (porque chamavam uns aos outros de irmãos), *canibalismo* (porque "comiam o corpo" e "bebiam o sangue" de Cristo na Eucaristia), *rebeldes* (porque se recusavam a chamar César de Senhor), e ainda de *grosseiramente imorais* (porque celebravam banquetes de amor denominados "Ágapes").[10]

James Kennedy, apoiando-se em David Barret, uma das maiores autoridades sobre a atual situação do Cristianismo no mundo, afirma que desde o início da igreja até os dias de hoje, houve cerca de 40 milhões de mártires cristãos. A maioria dessas mortes ocorreu neste século. Mais pessoas morreram por Cristo e pela sua confiança nas Escrituras neste século do que nos 19 séculos passados.[11] Mas, podemos concordar com o pai da Igreja Tertuliano, que o sangue dos mártires é o adubo para o crescimento da igreja.

A Bíblia foi o grande instrumento que trouxe ao mundo a maior revolução religiosa de todos os tempos, a Reforma do século 16. O grande lema dos reformadores era *Sola Scriptura*. João Calvino, o sistematizador da Reforma, dizia que "a Bíblia é o cetro pelo qual o Rei celestial governa a sua igreja." A Bíblia é o estatuto do Reino de Deus. Por isso, Lutero afirmava: "Minha consciência é escrava da Palavra de Deus." O entendimento dos reformadores era que onde a Bíblia não tem voz, não devemos ter ouvidos. Ela é a palavra de autoridade do Deus Todo-poderoso.

Leon Morris, ilustre comentarista bíblico, afirmou: "A Bíblia foi o único livro que Jesus citou, e isso nunca como base para uma discussão, mas para resolver uma questão." A voz das Escrituras é a última instância, a palavra final de Deus. Dietrich Bonhoeffer, o teólogo

---

10 SCHAFF, Philip. História da igreja cristã, p. 43.
11 KENNEDY, James. As portas do inferno não prevalecerão, p. 250.

alemão, que foi morto na Segunda Guerra Mundial pelo Nazismo, pontuou de forma clara a relevância indisputável das Escrituras: "Não tente tornar a Bíblia importante; ela já é importante em si mesma." A Bíblia é absoluta, suficiente, completa, cabal, infalível, inerrante. O grande corifeu da pregação evangélica no século passado, Charles Haddon Spurgeon, de forma clara definiu: "Deus escreve com uma pena que nunca borra, fala com uma língua que nunca erra, age com uma mão que nunca falha."

São inúmeros os intelectuais de todos os tempos que, lançando-se ao estudo das Escrituras a fim de buscar argumentos contra ela, acabaram sendo transformados nos mais sinceros e convictos crentes. Já nos primórdios do Cristianismo, no segundo século, o filósofo ateniense Atenágoras pôs-se a estudar as doutrinas cristãs para refutá-las. O resultado foi a sua "Apologia dos cristãos", dirigida a Marco Aurélio e a seu filho Commodo, em que fazia bela defesa das doutrinas que pretendera demolir."

Do comboio em que viajavam dois céticos convictos, viram, através da janelinha, algumas igrejas à distância. O quadro levou um deles a observar ao companheiro, que a vida de Jesus, havia de dar, afinal de contas, assunto para belo romance.

Achou-lhe razão o outro, acrescentando que era ele exatamente quem o deveria escrever. Mas que pintasse a Jesus como simples personagem de ficção, expondo sem rodeios a falsidade do Cristianismo.

O primeiro, que não era senão o general Lew Wallace, seguiu o conselho do amigo, o coronel Robert Ingersoll. E o volume produzido, em 1880, com essas intenções ateias, qual seria? – Bem-Hur, livro puramente evangélico, suave hino a Jesus, o Filho de Deus!

Ao terminar o quarto capítulo dessa obra sentiu-se Wallace, bem a contragosto, convencido da historicidade de Jesus. E eis como relata o próprio escritor, comovedoramente, sua evolução espiritual: 'Eu estava perturbado. Havia começado a escrever um livro com o objetivo de provar ao mundo que jamais vivera na terra uma pessoa como Jesus Cristo, mas encontrei-me em face da irrefutável evidência de que era personagem tão real como Júlio César, Marco Antônio, Virgílio, Dante e muitos outros que viveram e ensinaram no passado. Encarei de frente o assunto e me adverti de que se era personagem real – e disto não havia dúvida – não seria Ele também o Filho de Deus e o Redentor do mundo? Começaram a angustiar-me uma inquietude e temor de que eu estivesse em erro.

Também começou a ganhar terreno a crescente convicção de que, assim como fora provada a existência de Jesus, também poderia Ele ser tudo que declarava ser. Esta convicção se fez mais e mais forte, até que, uma noite em que me encontrava no gabinete de minha casa em Indianápolis, se converteu em certeza plena.

Caindo de joelhos, pela primeira vez em minha vida, orei a Deus que se me revelasse, perdoasse meus pecados e me ajudasse a ser um de seus verdadeiros seguidores. Logo uma grande paz me encheu a alma – à uma hora da madrugada. Desci ao dormitório de minha esposa e, despertando-a, contei-lhe que havia aceito a Jesus Cristo como meu Senhor e Salvador. Deveríeis ter-lhe visto a expressão do rosto enquanto eu lhe falava de minha nova fé.

– Ó Lew! exclamou ela: tenho orado para que isso se desse, desde que me comunicaste a intenção de escrever o livro; orei pedindo que encontrasses o Senhor ao fazer esse trabalho.

Ajoelhamo-nos ao lado do leito nessa madrugada, e juntos rendemos graças a Deus por sua misericórdia e solicitude, guiando-me para junto de si. Não creio que exista no céu gozo mais doce que esse que experimentamos nessa manhã em que, depois de anos de vida conjugal, nos unimos nos vínculos do companheirismo cristão. Perguntei à minha esposa:

– Que devo fazer com a matéria que tenho colhido, a custa de tanto trabalho e despesas?

– Oh! Volveu ela, modifica o quarto capítulo, termina o livro e envia-o pelo mundo para provar com teu estudo a investigação que Jesus Cristo era tudo que declarava ser – o Filho de Deus e Redentor do mundo."[12]

O filme clássico, baseado no livro, é uma grande apologia do Cristianismo. Em 1959, ele recebeu da Academia o prêmio de melhor filme do ano, alcançando um total de 11 prêmios. Ainda hoje é um grande campeão de bilheteria, um clássico do cinema. A Bíblia continua saindo vencedora em todas as batalhas.

A história está pontilhada de exemplos de homens de mente peregrina, de cultura enciclopédica que tentaram buscar nas águas

---

12 WALDVOGEL, Luiz, *op. cit.*, pp. 170,171.

do ateísmo dessedentar suas almas, mas nessa sofreguidão, acabaram encontrando o manancial das águas vivas, que é o Senhor, desistindo assim, do ateísmo.

C.S. Lewis foi um ateu convicto, intelectual de proa, que no começo deste século, se rendeu às evidências irresistíveis do Cristianismo. Tornou-se um cristão fervoroso, apologista incontroverso, escritor evangélico prolífico. O grande cientista Isaac Newton, depois de acurado exame declarou: "Nenhuma ciência é mais bem comprovada do que a religião da Bíblia." Emmanuel Kant chegou a afirmar que "a existência da Bíblia, como livro para o povo, é o maior benefício que a raça humana já experimentou. Todo esforço por depreciá-la é um crime contra a humanidade." Abraão Lincoln, o grande estadista americano, disse que a Bíblia é o melhor presente que Deus deu ao homem. E George Washington, outro famoso presidente americano, afirmou que "é impossível governar bem o mundo sem Deus e sem a Bíblia."

Todavia, precisamos ressaltar que o propósito da Bíblia, como dizia o evangelista e avivalista D.L. Moody, não é aumentar o nosso conhecimento, mas mudar a nossa vida. Por isso, segundo John Blanchard, "o homem que não está preparado para prestar obediência à Palavra de Deus não é capaz nem de ouvi-la corretamente. Por isso as parábolas tornaram-se janelas para algumas pessoas e muros para outras."

Certa feita, um ateu insolente, besuntado de orgulho, blasonando sua cultura, começou a provocar um cristão sincero, porém não tão intelectual como ele. Chamou o cristão para um debate público. Sua intenção era humilhá-lo e expô-lo ao ridículo dian- te das pessoas. O cristão, porém, sem se intimidar, aceitou o desafio. Contudo, disse-lhe que mais importante do que discutir idéias, era provar a veracidade do Cristianismo pelos seus frutos. Então arrematou: eu trarei para o debate um séquito de homens e mulheres que outrora foram devassos, bêbados, drogados, prostitutos, mentirosos, ladrões e assassinos; mas, que foram transformados pelo poder da Palavra de Deus. Você deverá também trazer aqueles que foram arrancados da escravidão do vício, das algemas da degradação humana e da devassidão do pecado através do ateísmo. O altivo cético, diante do desafio, saiu cabisbaixo e desistiu do confronto.

Os grandes cientistas, comumente, curvam-se diante da evidência de Deus. Muitos deles foram verdadeiros cristãos, zelosos em sua fé. Antenor Santos de Oliveira apresenta quatro extraordinários exemplos de homens de proa na ciência que tinham sua fé firmada em Deus e nas Escrituras: *Primeiro, Samuel F.B. Morse, o conhecido inventor do telégrafo era um grande cristão. Escrevendo ao seu irmão, assim se expressou: a salvação da minha invenção, considero-a como resposta de minhas orações. A ele, de fato, pertence toda a glória. Tenho provas bastantes de que, sem Cristo, eu nada poderia ter feito. Toda a minha força está nele e eu ardentemente desejo dirigir-lhe todos os louvores.*

Segundo, Miguel Faraday – Esse grande cientista, cuja capacidade intelectual e mental foi comparado a de dez homens comuns, ao se achar no leito de morte, perguntaram-lhe: - "Quais são as suas especulações intelectuais neste momento? Respondeu Faraday: - Especulações? Não as tenho. E dou graças a Deus por isso. Não estou confiado em especulações. Eu sei que o meu redentor vive, e, porque ele vive, eu viverei."

Terceiro, William Herschel, o grande astrônomo, construtor de um perfeito telescópio, descobridor do planeta Urano, em 1781, descobridor do movimento de translação do sistema solar para um ponto da Constelação de Hércules, em 1783, descobridor dos seis satélites de Urano, determinando-lhes a revolução das órbitas, descobridor dos dois satélites de Saturno, interiores ao anel, fixador das revoluções deste planeta e do seu anel, fixador da duração da revolução do planeta Marte, e observador de suas manchas, determinador do achatamento de Júpiter e da duração de sua rotação, descobridor de sete cometas entre 1786 e 1797, assim se expressou: "Todos as descobertas humanas parecem ter o propósito único de confirmar cada vez mais fortemente as verdades contidas nas Sagradas Escrituras."

Quarto, Isaac Newton, o admirável cientista, pontificou: "Há mais indícios seguros de autenticidade na Bíblia do que em qualquer história profana."[13]

---

13 OLIVEIRA, Antenor Santos de, Fé e Ciência, pp. 16 e 17.

Capítulo III

JESUS, A SUPREMA COMUNICAÇÃO DE DEUS

Deus não é um ser misterioso, difuso, distante. Ele se revelou majestosamente na criação, intimamente na consciência do homem, sabiamente na sua Palavra e amorosamente em Jesus, o seu unigênito Filho.

Deus pode ser conhecido, não porque o homem seja profundo em suas lucubrações ou iluminado por um conhecimento esotérico, mas porque ele se revelou. Não o conhecemos como resultado da pesquisa humana, mas da revelação do céu. Deus se deu a conhecer. Ele é o Deus que fala. A história é o palco da comunicação de Deus. A Bíblia é a sua palavra escrita e Jesus é a apoteose da revelação divina, é o verbo encarnado, é o som mais nítido da voz de Deus.

Em Jesus a comunicação de Deus alcança o seu zênite. Ele é a expressão mais profunda da eloquência de Deus. Nele habita corporalmente toda a plenitude da divindade. Ele é a exata expressão do ser de Deus. Jesus é a exegese de Deus. Quem vê Jesus vê o Pai. Ele e o Pai são um. A glória de Deus resplandece na face de Cristo!

A glória dos grandes monarcas deste mundo foi desvanescente. Os faraós do Egito só revelam sua majestade nas salas dos museus. A poeira do tempo cobre o fulgor de suas conquistas. Seus tesouros mais excelentes estão enterrados nas catacumbas do passado. As pirâmides do Egito são hoje montões de pedra sobre pedra que proclamam a glória morta dos faraós. Eles foram grandes no passado. Eles pouco representam no presente, eles serão apenas vaga matéria de estudo no futuro.

Nabucodonosor, o grande rei da Babilônia, também, com toda a sua glória, é apenas uma peça de um passado distante. A Babilônia com todo o seu fulgor, com toda a sua empáfia, altivez e pujança, caiu. As glórias desse megalomaníaco império apagaram-se; todo o brilho de seus prédios luxuosos, toda a arrogância de suas muralhas inexpugnáveis, todo a luxúria de seus jardins suspensos estão cobertos de cinza, debaixo de um profundo esquecimento.

Alexandre, o grande, o inveterado conquistador grego, só é conhecido pelos seus feitos de outrora. Também sua bandeira não tremula mais, seu estandarte arriou do mastro, sua glória é desvanescente. Os césares de Roma granjearam fama e poder, mas as pedras de suas coroas caíram, o fulgor de sua glória apagou-se. Conquistaram povos, dominaram reinos, estenderam os limites do seu governo, subjugaram cidades, venceram exércitos, escravizaram homens, mataram milhares de cristãos, exerceram o seu domínio com mão de ferro sobre os seus vassalos, mas enfim, também caíram. O ouro, a prata, o bronze e o ferro foram todos esmiuçados pela pedra do Reino de Deus. Todos tornaram-se pó e foram reduzidos a nada diante da glória do Reino que vem do céu. Cristo é a pedra, quem nele tropeça é esmagado. Cristo é o grande conquistador, só o seu reino dura para sempre e jamais será destruído.

Os grandes potentados que venceram exércitos, conquistaram reinos, acumularam fortunas e fizeram notórios os seus nomes, caíram no esquecimento. Contudo, a glória de Jesus não pode ser toldada, ela brilha mais e mais. Ela brilhou na eternidade, antes da fundação do mundo. Ela brilhou na cidade de Belém há dois mil anos, ela brilha hoje com fulgor esplêndido e há de brilhar sempre, pois ele é o sol da justiça, a luz do mundo, o soberano do universo, o mais eloqüente discurso de Deus, a suprema comunicação do céu!

Jesus é verdadeiramente Deus e verdadeiramente homem. Quando ele desceu à terra não deixou de ser Deus; quando voltou ao céu não deixou de ser homem. O Jesus que deixou vago o seu túmulo não deixou vago o seu trono. Entrementes, ele foi aviltado com a coroa de espinhos para dar-nos a coroa de glória, foi despido de suas vestes, para cobrir-nos com o seu manto de justiça, desceu do céu para conservar-nos fora do inferno, jejuou 40 dias para banquetear conosco por toda a eternidade, sofreu sede atroz para dar-nos a água da vida, sofreu a humilhante morte de cruz para dar-nos a vida eterna.

Jesus é a pessoa central da história. Ele é o eixo da história. Napoleão Bonaparte afirmou: "Entre Jesus e qualquer outra pessoa do mundo não há comparação possível." Todos os exércitos que já marcharam, todos os parlamentos já estabelecidos, e todos os reis que já reinaram, postos juntos, não afetaram a vida da humanidade na terra com tanto poder quanto Jesus. Martinho Lutero declarou: "Em sua vida, Jesus é um exemplo que nos mostra como viver; em sua morte, um sacrifício satisfatório por nossos pecados; em sua ressurreição, um vencedor; em sua ascensão, um rei; em sua intercessão, um sumo sacerdote." Para ele todas as coisas convergem. Ele é o dono e herdeiro de todas as coisas.

Abraham Kuyper, teólogo, político e educador holandês, disse que: "Não há um centímetro deste universo acerca do qual Jesus Cristo não diga: é meu." Ernest Renan disse: "Toda a história é incompreensível sem Cristo." Cristo é a suprema dádiva de Deus, é o seu dom inefável. Perca Cristo e você terá perdido tudo. Ele é o alfa e o ômega da história, a consumação de todas as coisas. A história caminha para um fim glorioso, a vitória cabal de Cristo. A história de amanhã já foi escrita: ao nome de Jesus todo joelho se dobrará e toda língua confessará que ele é Senhor.

Cristo é a interpretação de Deus, a essência da hermenêutica sagrada, por cujas lentes devemos conhecer a Deus. Ele é a imagem do Deus invisível. Ele é Deus feito carne. Ele é o eterno que entrou no tempo, o transcendente que se esvaziou, o Todo-poderoso que deitou numa manjedoura. Ele é o Rei supremo que se fez servo, o dono de todas as coisas que se fez pobre. Nele fulguram todas as excelências dos atributos de Deus. Ele é o próprio Deus.

Se queremos saber sobre o amor de Deus, devemos olhar para Jesus. Ele é a expressão do amor eterno, abnegado e sacrificial de Deus. A demonstração desse fato não se deu por um discurso inflamado, emoldurado por figuras retóricas requintadas. A demonstração dessa verdade incontroversa é evidenciada pela sua vida. Ele renunciou sua excelsa glória, deixou seu trono cercado de majestade, veio ao mundo, fez-se carne, tornou-se pobre. Sendo o dono do universo, não nasceu num palácio. Não pisou tapetes aveludados, não empoleirou num trono de poder, exigindo que os homens o servissem. Mas, nasceu numa estrebaria, cresceu num lar pobre, sem luxo, sem regalias. Não viveu no fausto, na pompa. Não tinha onde reclinar a cabeça. Podendo cavalgar as nuvens, tomou um jumentinho emprestado para montar. Sofreu fome, sede, cansaço, angústia. Foi perseguido, incompreendido, criticado. Mas, mesmo assim, andou por toda a parte fazendo o bem, curando a todos os oprimidos do diabo. Ele acolheu os inacolhíveis. Ele abraçou os inabraçáveis. Ele se aproximou dos escorraçados. Ele comeu com os pecadores. Ele entrou na casa de publicanos. Ele conversou com as prostitutas. Ele tocou com ternura os impuros. Ele abraçou e abençoou as crianças. Ele consolou as viúvas. Ele demonstrou amor aos gentios. Ele curou os cegos, limpou os leprosos, aprumou os paralíticos, alimentou os famintos, libertou os possessos, alforriou os oprimidos, ressuscitou os mortos e entregou-se na cruz por amor. Jesus conquistou o mundo não com armas, não com exércitos, mas com amor. Ele dominou o homem não com tirania, mas com ternura. A cruz de Cristo é o discurso mais eloqüente do amor de Deus.

Se queremos saber sobre o caráter santo de Deus, devemos olhar também para Jesus. Ele viveu sob o olhar crítico de seus inimigos. Os romanos sentiram-se ameaçados por ele. Os sacerdotes com inveja conspiraram contra ele. Eles espreitaram seus caminhos, vasculharam sua vida, bisbilhotaram sua agenda, julgaram suas motivações, para só descobrirem que ele não tinha pecado nenhum. As acusações que fizeram contra ele foram levianas, falsas, motivadas pela inveja. O ódio que sentiram por ele não foi por causa de ausência de luz em Jesus, mas por causa da cegueira de seus olhos. Rejeitaram a mensagem de Jesus, não porque ela não fosse verdadeira, mas por causa da dureza de seus corações. Jesus viveu em santidade, ele cumpriu a lei de Deus, não a tradição dos homens, não os ritos religiosos, não o legalismo pesado que era posto como jugo escravizador sobre as pessoas.

Jesus é a luz do mundo. A luz é pura. A luz não coexiste com as trevas. A luz reprova as trevas. As trevas não podem prevalecer contra a luz. Jesus é a suprema prova da santidade de Deus. O homem em seu pecado não pode ter comunhão com Deus. O Senhor não pode contemplar o mal. Diante dele até os serafins cobrem o rosto. Um espesso véu separa o homem da presença de Deus. O pecado faz separação entre nós e Deus. Mas Deus revelou-se em Jesus, cobrindo os nossos pecados com o sangue do seu Filho, declarando-nos justos, tornando-nos santos, dignos de entrarmos na intimidade da sua presença. Jesus mostrou-nos que a santidade de Deus não o afasta de nós, mas afasta de nós as nossas transgressões. A santidade de Deus não nos escorraça, mas nos atrai para uma nova vida de santidade.

Se queremos saber sobre a justiça de Deus, devemos de igual modo olhar para Jesus, pois ele embora fosse compassivo com o pecador, sempre foi radical contra o pecado. Jesus nunca fez concessão ao erro. Ele nunca transigiu com os valores absolutos da lei divina. A mulher apanhada em flagrante adultério, ele não condenou, mas deu o seu veredicto: vai e não peques mais. Ao ladrão arrependido na cruz, mesmo na ante-sala da morte, ele concedeu perdão. A razão não era porque o pecado do homem transgressor fosse insignificante, mas porque o seu sacrifício vicário era suficiente.

Por outro lado, Jesus nunca enveredou-se pelo caminho das conveniências. Ele não poupou palavras para denunciar o pecado seja na vida de Herodes, chamando-o de raposa, seja na conduta dos religiosos empoleirados na sua cátedra de santidade, chamando-os de hipócritas. Jesus bateu de frente com os arrogantes fariseus, que escondiam a sua podridão atrás das máscaras de piedade. Jesus denunciou o sistema prevalecente em sua cultura, chocou-se com o *status quo*, rompeu com os odres velhos de uma religiosidade caduca, esquizofrênica e opressora. Mais do que mostrar a retidão do caráter do Deus que não faz acepção de pessoas; mais do que resplandecer a excelsitude dos atributos do Pai, Jesus veio ao mundo para satisfazer a justiça de Deus, abrindo-nos o caminho da justificação mediante a sua morte e ressurreição.

Quando o homem pecou, ele transgrediu a lei de Deus e ficou como devedor à sua justiça. A lei é boa, é santa e espiritual. Ela, porém é inflexível. Maldito é aquele que não persevera em toda a obra da lei para a cumprir. Mesmo que o homem guarde toda a lei, mas se tropeçar num único ponto, torna-se culpado da lei inteira. O padrão da lei é a perfeição absoluta. A penalidade para quem não atinge essa expectativa é a morte, pois a alma que pecar essa morrerá, visto que o salário do pecado é a morte. Deus é justo e ele não inocentará o culpado. A situação do homem é desesperadora, visto que ele será julgado segundo as suas obras, e pelas obras da lei, ninguém será justificado diante de Deus. Um só pecado nos afastaria do céu, visto que lá não entrará nada contaminado.

Na verdade, não há nenhuma chance de o homem ser salvo pelos seus próprios esforços. Todas as religiões criadas pelos homens são uma tentativa do homem se chegar a Deus e agradá-lo. Mas todas elas se tornam ineficazes, visto que nenhuma capacita o homem para cumprir a lei de Deus. A única chance de salvação para o homem é um caminho aberto a partir do céu. A salvação vem de Deus, é obra de Deus, é aplicada por Deus.

Jesus veio ao mundo como nosso representante, como o segundo Adão. Ele cumpriu a lei por nós. Ele recebeu em seu corpo a punição dos nossos pecados. Deus fez cair sobre ele a iniqüidade de todos nós. Ele bebeu sozinho o cálice amargo da ira de Deus contra o pecado. Ele sorveu cada gota do juízo divino contra o pecado. Ele se fez pecado por nós. Ele foi feito maldição por nós. O castigo que nos traz a paz estava sobre ele. A espada que estava para cair sobre a nossa cabeça caiu implacavelmente sobre ele. O veneno mortal do pecado inoculado em nós pela antiga serpente, Satanás, foi lançado sobre ele. Na cruz, Jesus sofreu o duro golpe da lei contra o pecado. Na cruz ele pagou com o seu sangue o preço da nossa redenção. Na cruz ele rasgou o escrito de dívida que era contra nós. Com a sua morte ele quitou a nossa dívida. Com o seu sangue ele nos alforriou de toda a penalidade da lei. Jesus satisfaz a justiça violada de Deus por nós. Jesus é a nossa justiça. Ele nos justificou diante de Deus. Agora aqueles que crêem no seu nome estão quites com a lei de Deus, estão isentos de culpa diante do tribunal de Deus, não lhes pesa mais nenhuma condenação. Estão justificados!

Quando queremos saber sobre o propósito eterno de Deus em relação ao homem, precisamos também olhar para Jesus. Ele nos foi dado desde a eternidade. O cordeiro de Deus foi morto antes da fundação do mundo. A rebeldia do homem, a sua maldade e impiedade não fizeram Deus recuar em seu propósito de nos dar o seu Filho. Jesus veio ao mundo por amor. Veio voluntariamente. Veio para cumprir o propósito do Pai. Veio para morrer por nós, para remir-nos do pecado. Ele não foi simplesmente um mártir, ele se entregou. Ele não foi apenas vítima da traição de Judas, da entrega covarde de Pilatos, da inveja dos judeus, do grito tresloucado da multidão sanguissedenta, da maldade dos soldados romanos. Ele morreu por amor. Foi o Pai que o entregou em nosso lugar, para morrer pelos nossos pecados.

É em Cristo que o mistério da nossa salvação graciosa se desvenda. Ele é a porta que nos revela a beleza do céu. Ele é o único caminho que nos leva ao trono do Pai. Ele é a chave que abre para nós os tesouros da graça de Deus. Para ele convergem-se todas as coisas no tempo e na eternidade, tanto as do céu como as da terra. Jesus é o centro de todas as coisas. Ele é o alfa e o ômega. Dele, por meio dele e para ele são todas as coisas. Ele é a chave que abre o cofre da história. Só ele tem as chaves da história nas mãos.

A história não caminha sem rumo, não está presa a um processo cíclico, não está desgovernada como um trem descarrilado precipício à baixo. A história caminha para um fim glorioso. Jesus é o Senhor da história. O bem triunfará sobre o mal. A justiça terá a última palavra. A mentira cobrirá a sua cara de vergonha. A vitória final será de Jesus. O seu reino prevalecerá, a verdade triunfará. Quando as cortinas do tempo se fecharem no epílogo da história, Jesus se assentará no trono da sua glória. Ele julgará com justiça as nações. Todos, grandes e pequenos, terão que comparecer perante o seu trono. Cada um será julgado segundo as suas obras.

Aqueles que escaparam dos tribunais da terra não escaparão do tribunal de Cristo. Aqueles que se esconderam atrás do manto da mentira serão desmascarados naquele dia. Aqueles que reconheceram seus pecados e olharam para Jesus como salvador e senhor, cujos nomes estão inscritos no livro da vida, receberão uma herança eterna de gozo inefável, mas aqueles que taparam seus ouvidos ao eloqüente discurso de Deus, cuja voz trombeteou desde a cruz, sofrerão eterna condenação. Proclamamos com voz altissonante, portanto, que Jesus é poderoso para desvendar os grandes mistérios do tempo, é o único que pode levantar a ponta do véu e nos mostrar a excelência da eternidade.

Quando ouvimos Jesus, escutamos o mais eloqüente discurso de Deus. Ele não trovejou do céu palavras inflamadas, rebuscadas de loquacidade, emolduradas de rara beleza retórica para descrever o seu amor pelo homem. Seu discurso não foi uma peça de oratória divinamente elaborada, foi uma dádiva de sacrifício. Sua voz entrou na história não como o ribombar de um trovão, mas como o soluço de um Pai, que entrega o seu único Filho por amor.

Sim, é verdade que a voz de Deus é poderosa, é tremenda, despede chamas de fogo e faz tremer o deserto. **Mas, sobretudo,** a voz de Deus é cheia de emoção, pois é a voz que expressa o interesse do Deus santo por homens pecadores, é a voz que anuncia esperança para os que estão com a esperança morta, é a voz que proclama salvação para os que estão errantes nos desertos da vida, é a **voz** que fala do Deus santo e justo que resgata a dívida do pecador e o declara justo, perdoado, liberto, salvo para sempre.

A voz de Deus em Jesus nos fala de um perdão ilimitado, de uma graça infinita, de uma vida eterna. A voz de Deus em Jesus é a conclusão do discurso divino. Ele falou aos homens, muitas vezes, de muitas maneiras, aos pais pelos profetas, mas agora, nos fala pelo seu Filho. Vemos aqui, que a comunicação começa com Deus. Ela tem um objeto: o homem. É uma comunicação pessoal, amorosa, libertadora, poderosa e urgente.

Na sua comunicação, Deus usa instrumentos: ele falou aos nossos pais pelos profetas, agora nos fala pelo seu Filho. A comunicação, também, é dinâmica e criativa: Deus falou muitas vezes e de muitas maneiras. Jesus empregou todos os métodos possíveis para tornar a sua comunicação mais acessível e mais eficaz. Jesus era o mensageiro e a mensagem. Ele era o profeta e o conteúdo da sua profecia. Os profetas revelaram algumas facetas de Deus. Amós proclamou a justiça de Deus. Oséias o seu amor perdoador. Mas Jesus revelou o próprio Deus, pois ele é Deus co-igual com o Pai.

Jesus é a palavra final de Deus para o homem. Se o homem rejeitar essa palavra, não há mais esperança para ele. Quem calca aos pés a graça de Deus, rejeitando o seu Filho, só lhe resta uma expectativa horrível do juízo. Quem tapa os ouvidos da alma a esse discurso retumbante de Deus sofrerá eterna destruição e será banido para sempre da face do Senhor. Quem não se deleita em ouvir essas boas novas de salvação, ouvirá naquele dia do juízo a terrível sentença: apartai-vos de mim malditos, para o fogo eterno. Quem despreza a generosidade da graça de Deus, passará a eternidade em chamas eternas, em choro e ranger de dantes, sendo açoitado pelo chicote de uma consciência culpada. É por isso que a Bíblia diz que bem-aventurado é aquele que ouve a Palavra de Deus. Jesus nos exorta: quem tem ouvidos para ouvir, ouça!

Podemos afirmar que a revelação de Deus em Cristo é maior do que a sua revelação através das coisas que foram criadas. Jesus é maior do que o universo. Ele é maior do que a criação. A glória de Cristo brilha mais do que o sol. Não são as estrelas que ditam os rumos da nossa vida. A voz diáfana do céu não vem do estudo dos astros. A palavra de Deus não emana da astrologia. O grande enigma do universo não é decifrado examinando-se a complexidade dos mundos vastíssimos e insondáveis que estão salpicados no cosmo. Jesus é a chave da hermenêutica que decifra os mistérios do universo e de seus propósitos. Ele é transcendente.

Na verdade, ele é o Criador. Foi ele quem trouxe à existência os mundos estelares, as galáxias, os planetas, os mares, a terra. Jesus é a Palavra criadora de Deus. Ele é o verbo da ação divina. Por meio dele tudo veio a existir. Ele é a origem de todas as coisas. Jesus não só é o Criador, mas também é o sustentador de tudo o que ele mesmo criou. Ele não é o Deus desconhecido dos agnósticos, nem o Deus distante dos deístas, nem mesmo o Deus difuso dos panteístas. Ele é o Deus presente, imanente, que governa e intervém. Nele tudo subsiste.

Mas, Jesus não apenas é o criador e sustentador do universo, ele é também o dono do universo. Ele é o herdeiro de todas as coisas. Tudo o que existe é dele e para ele. Somos propriedade exclusiva dele. Ele nos comprou. Ele tem todo o poder e toda a autoridade e diante dele se dobra todo joelho no céu, na terra e debaixo da terra. Jesus não é uma divindade tribal, ele não pode ser comparado com Alá, Buda, Tupã ou Shiva. Ele é o Deus dos deuses. Diante do seu trono, todos precisam depositar as suas coroas. Diante da sua voz precisamos nos curvar. Ele é a prova acabada, final, da indisputável eloqüência de Deus.

A revelação de Deus em Jesus também é mais eloqüente do que a voz que ecoa na consciência do homem. Sim, o homem foi feito à imagem e semelhança de Deus. O homem foi criado para refletir a glória de Deus. O homem, por mais bárbaro e primitivo, tem uma noção do certo e do errado. Há uma lei moral dada por Deus dentro de nós. Há um código de leis encrustado no coração do homem. É bem verdade que o pecado atingiu o homem em todas as suas faculdades. Todas as áreas da sua vida foram contaminadas pelo pecado. Ele está em estado de depravação total, ou seja, não há nenhuma área da sua vida que não tenha sido poluída pelo pecado. O pecado embaçou a imagem de Deus no homem. Agora, o homem é como um poço de águas turvas e barrentas. A lua com toda a sua beleza não resplandece mais na água, não porque a lua perdeu a sua poesia e sua claridade, mas porque a água está suja.

O filósofo alemão Emanuel Kant dizia que duas coisas o encantavam: o céu estrelado acima dele e a lei moral dentro dele. Mas, por causa do pecado, a consciência do homem ficou prejudicada. Há muitos que perdem a sensibilidade e cauterizam a consciência. Há outros, cuja consciência está morta e necrosada. Assim, Deus fala e se revela, mas o homem não discerne a voz de Deus. É por isso que a humanidade se curva diante de deuses estranhos, engendrados pela sua própria imaginação. É por causa dessa corrupção que o homem adora a criatura em vez do Criador. É por causa dessa consciência enferma, embotada e insensível que o homem vive na contramão da vontade de Deus. A questão não é o silêncio de Deus, é a surdez humana. A consciência, embora possa receber lampejos da revelação de Deus, não pode mais ser plenamente confiável. Não porque Deus seja confuso na revelação, mas porque os ouvidos da nossa consciência estão entupidos de cera.

Em nome da consciência muitas pessoas cometem erros bárbaros: matam, roubam, mentem, entregam-se à volúpia, desonram seus corpos, enlameiam sua honra, e ainda assim, justificam suas atitudes, não sentindo nenhuma fisgada na consciência. Quantas guerras brutais e sanguinárias não dizimaram milhões de pessoas inocentes em nome da consciência? Quantos facínoras, à semelhança de Hitler, não abusaram do seu poder, esmagando e trucidando cruelmente, vidas inocentes, sob o manto de uma consciência segura? Quantos abortos criminosos e execrandos não foram praticados, acobertados sob a falsa desculpa de que a consciência não se sentia culpada? Quantos desfalques no erário público não esvaziaram os cofres da nação, tirando o pão da boca dos famintos para enriquecer os poderosos inescrupulosos e insaciáveis, sem a menor sensibilidade? Quantos julgamentos injustos, veredictos comprados, que sonegaram justiça ao pobre, para alimentar a ganância famigerada daqueles que empoleiram no poder, e se escondem atrás de suas togas sagradas, sem o menor remorso? Não, não podemos confiar na consciência! Ela está muito fraca para reproduzir com integridade a eloquência de Deus!

Podemos dizer, finalmente, que a revelação de Deus em Jesus é a razão de ser das Escrituras. A Bíblia é o livro dos livros que aponta para uma pessoa singular: Jesus. O apóstolo Paulo, refutando os gnósticos do seu tempo, afirma na carta aos Colossenses que "Cristo é tudo e em todos". Os puritanos diziam que Cristo *é tudo nos conselhos de Deus*. Antes deste mundo vir à existência, só Deus existia. E onde estava Cristo? Junto do Pai na sua glória excelsa. Quando Deus irrompeu no tempo, criando os céus e a terra, onde estava Cristo? Todas as coisas foram criadas por ele e nada do que foi feito sem ele se fez. Quando o homem pecou lá no Éden, onde estava Cristo? Ele foi prometido como aquele que esmagaria a cabeça da serpente. Na plenitude dos tempos, Jesus Cristo se fez carne e a pregação apostólica tornou-se clara: "E não há salvação em nenhum outro nome a não ser o nome de Jesus". Na consumação de todas as coisas, onde estará Cristo? Ele será o rei vencedor, o juiz de vivos e mortos, aquele que vai subjugar todos os inimigos debaixo de seus pés e vai reinar com a igreja para sempre e sempre.

Cristo é tudo na Bíblia. Ele é o centro da Bíblia. A árvore da vida, no Éden, é um símbolo de Cristo. O descendente da mulher que esmagou a cabeça da serpente é Cristo. Cristo é a arca da salvação. Ele é o arco-íris da aliança de Deus com os homens. Cristo é o cordeiro que foi imolado para a libertação dos hebreus do cativeiro egípcio. A coluna de fogo que protegeu os hebreus da fúria de faraó e seus cavaleiros é um símbolo de Cristo, que é a luz do mundo. A coluna de nuvem representando a proteção, presença e direção de Deus na vida do povo era um símbolo de Cristo. O maná que caiu do céu para alimentar o povo no deserto é um símbolo de Cristo, que é o pão da vida. A água que brotou da rocha representa Cristo, que é a água da vida. A arca do santuário é um símbolo de Cristo. Os objetos que estavam dentro da arca (as tábuas da lei, o vaso com maná e a vara de Arão que floresceu) tipificam Cristo. Os sacrifícios realizados no regime da lei, apontavam para Cristo. A mensagem dos profetas tinha um tema central: Cristo! Ele foi apontado como servo, como cordeiro, como desejado de todas as nações.

No Novo Testamento, Jesus novamente é o centro. Os Evangelhos narram sua vida, seus ensinos, seus milagres, sua morte e sua ressurreição. O livro de Atos registra o que Jesus continuou a fazer através do seu Espírito que foi derramado. Narra o avanço da igreja no poder da sua ressurreição e na força do Espírito que ele derramou. As epístolas falam da glória da sua doutrina e o Apocalipse registra a sua retumbante vitória sobre todos os seus inimigos, a sua vinda gloriosa e o estabelecimento dos novos céus e da nova terra.

Cristo é tudo na nossa salvação. Antes da sua encarnação, todos os que foram salvos o foram da mesma forma que nós o somos. Os que viveram antes de Cristo foram salvos olhando para o Messias que havia de vir. Nós somos salvos olhando para o Messias que já veio. Eles olhavam para frente, nós olhamos para trás. Em todas as páginas das Escrituras, Cristo se destaca como o único salvador. Todos os sacrifícios da antiga dispensação, como holofote, apontavam para o seu sacrifício perfeito e eficaz.

Em suma, Jesus é o poderoso e eloquente discurso de Deus desde o começo da história humana. Para ele a lei apontou. Ele foi o conteúdo da mensagem profética. Os livros históricos falaram do seu reino que não terá fim. Os livros poéticos exaltaram o seu poder e sua glória. Os evangelhos narraram sua vida, seus feitos, sua morte e sua ressurreição. O livro de Atos revelou o seu poder e o crescimento da sua igreja. As epístolas anunciaram sua doutrina. O apocalipse anuncia sua retumbante vitória.

Jesus é a espinha dorsal da Bíblia. É o centro das Escrituras. Ele é o motivo do cântico angelical que cobriu os céus de Belém. Ele é o fio escarlate que entretece toda a história da humanidade. É o estrato da voz embargada de Deus que revelou ao homem seu infinito amor. Jesus é a razão do soluço do Pai ao vê-lo desamparado na cruz. Jesus é o motivo da incontida alegria que tomou conta dos discípulos na manhã da ressurreição. Jesus é a Palavra feita carne, revelada na Palavra escrita de Deus.

Capítulo IV

A REVELAÇÃO GLORIOSA DE DEUS

(Salmo 19)

Só conhecemos a Deus porque Ele se revelou. E revelou-se com tanta intensidade que só os insensatos deixam de reconhecer a sua existência e o seu poder (Sl 14.1). Como Deus se revelou? Como podemos conhecê-lo? Quais são os canais de sua comunicação conosco?

Este universo não surgiu sozinho, independente. Ele foi criado com leis, com um curso, com harmonia, com uma finalidade, para um propósito. A matéria não é eterna. Ela não é auto-existente. Ela foi criada por Deus, é obra de Deus, arauto de Deus, que trombeteia aos ouvidos dos homens a poderosa voz de Deus. Ouçamo-la!

A revelação natural

Davi começa esse salmo de uma forma majestosa. Seu tom é grandiloqüente. Ele ergue os olhos aos céus e fica extasiado diante da grandeza do Criador. Diz ele: "Os céus proclamam a glória de Deus." A palavra *proclamar* é cheia de um rico significado. Significa o prorromper de uma fonte, de uma cascata que desabotoa em catadupas, jorrando escachoantemente suas águas abundantes. Quando olhamos para o céu, há uma comunicação que jorra e promana das alturas com singular beleza e esplêndida exuberância, reverberando a verdade insofismável da existência de Deus e de sua excelsa glória.

Por esta razão, o grande bandeirante do cristianismo, o paladino da fé, o ardoroso missionário, apóstolo Paulo, ao escrever à igreja de Roma, declarou com diáfana clareza que Deus é conhecido pelas obras portentosas que criou; assim, todos os homens tornam-se indesculpáveis diante dele (Rm 1.20). Quais são as características dessa revelação natural?

Primeiro, é uma *revelação clara (v. 1)* – "Os céus proclamam a glória de Deus e o firmamento anuncia as obras das suas mãos." O homem foi criado com capacidade de olhar para cima. Erguer os olhos é ver a mão de Deus nas estrelas, o seu fulgor no esplendor do sol, a sua bondade na variedade da fauna e da flora. É impossível contemplar este quadro fantástico, multicolorido e exuberante do universo sem perceber a glória excelsa de Deus, sem ficar extasiado diante da complexidade e engenhosidade da criação. Só aqueles cuja mente foi embotada pelo preconceito, cujos olhos foram vendados pelo obscurantismo e cujo coração foi insensibilizado pelo ateísmo, negam a existência, a presença e a providência de Deus nas obras da criação.

Segundo, é uma *revelação constante (v. 2)* – "Um dia discursa a outro dia, e uma noite revela conhecimento a outra noite." Cada dia é um tempo singular da ação e das oportunidades de Deus na história. Deus não apenas colocou o seu nome nas estrelas, a sua assinatura em cada obra da criação, a sua impressão digital em tudo quando fez, mas fala conosco todos os dias e todas as noites, através desta mesma criação. O discurso de Deus não é monótono. Sua linguagem é rica, sua variedade é abundante, seus métodos são variados. A freqüência com que Deus nos fala é uma prova incontroversa do profundo amor de Deus pelo homem. Todo dia, é dia de graça. Cada noite, é mais uma chance que Deus dá ao homem. Deus é incansável na sua busca, infinito em seu amor, por isso, fala constantemente ao homem!

Terceiro, é uma *revelação sem linguagem articulada (v. 3)* – "Não há linguagem, nem há palavras, e deles não se ouve nenhum som." A voz de Deus na natureza não é articulada em palavras. O discurso não é dirigido aos ouvidos, mas aos olhos. Deus deve ser visto, antes de ser ouvido. Ele é Criador, antes de ser redentor. Por essa razão, a voz de Deus é tão poderosa. Por esse motivo, todo homem torna-se indesculpável diante dele.

Quarto, é uma *revelação universal (v. 4)* – "No entanto, por toda a terra se faz ouvir a sua voz, e as suas palavras até aos confins do mundo." Nenhum homem pode ficar fora do alcance desta revelação. Ela ultrapassa todas as barreiras. Ela invade todos os recantos do universo. Ela penetra em todas as nações. Mesmo os silvícolas embrenhados nas selvas mais espessas, sem nenhum contato com a civilização, escapam às reverberações estonteantes desta manifestação divina. Nem os povos mais primitivos, agrilhoados às culturas mais escravizantes, marginalizados pelo mais rigoroso ostracismo cultural, deixam de ser bafejados pelo esplendor fulgurante desta revelação natural de Deus. Todos, sem exceção, sem distinção, estão cobertos por este manto cálido da realidade inegável da revelação de Deus.

Quinto, é uma *revelação majestosa (v. 5,6)* – "O qual, como noivo que sai dos seus aposentos, se regozija como herói, a percorrer o seu caminho. Principia numa extremidade dos céus, e até a outra vai o seu percurso; e nada refoge ao seu calor." Deus não apenas se revelou, mas o fez com exuberância, com grandeza inefável, com beleza indizível, com pompa inaudita. Quem pode criar do nada bilhões de mundos estelares? Quem pode criar o romantismo do entardecer, o mistério da noite estrelada, o encanto do romper da alva? Quem pode desvendar os mistérios de uma obra tão estupenda e fantástica? Quem pode arquitetar e trazer à luz uma obra tão vasta, tão bela e tão rica? É impossível deixar de ver a mão do Criador nos contornos multiformes das nuvens policromáticas que dançam nas fímbrias do horizonte ao balouçar do vento. É impossível não perceber a extravagante criatividade do Criador na beleza multicolorida dos campos marchetados de flores, das campinas engrinaldadas de luxuriantes arvoredos, das águas espumarentas que beijam as areias brancas da praia, da placidez das águas que rolam serpenteantes nos leitos dos rios prenhes de cardumes farturosos. É impossível não ver a mão de

Deus no brilho e calor do sol, no frescor da brisa que balsamiza a terra, no farfalhar da grama, no canto do rouxinol, no sorriso de uma criança. Sim, o universo qual orquestra maviosa, entoa a doce sinfonia da glória de Deus. Davi não encontrou uma palavra mais romântica para descrever a criação, senão comparando-a com um noivo que sai ao encontro da sua noiva!

Revelação escrita

Davi, agora, tira os seus olhos dos céus e os coloca na palavra escrita de Deus. Deixa a revelação natural e exalta a revelação especial. A primeira, exalta a existência e a majestade de Deus. A segunda, a graça de Deus que nos salva. A primeira, nos convence do seu poder. A segunda, do seu amor. A primeira, nos faz crer que Deus é sábio. A segunda, que ele é misericordioso. Davi enumera cinco características da Palavra de Deus neste salmo:

Primeiro, ela é *perfeita (v. 7)* – "A lei do Senhor é perfeita." Na Palavra não há erro. Não há equívocos nem engano algum. Ela é inerrante, infalível. Nada pode ser acrescentado, nem tirado, nem alterado. A Bíblia não pode sofrer nem adição nem subtração. Ela está completa. Ela tem uma capa ulterior. Ela é eficaz para realizar todos os propósitos para os quais ela nos foi dada. As obras humanas, as enciclopédias, as teorias dos cientistas, os dogmas da ciência sofrem alterações e precisam constantemente ser atualizados e readaptados à sua realidade. Tornam-se obsoletos com o tempo. A Palavra de Deus, porém, é absoluta, perfeita, acabada, sem necessidade de atualização. Ela continua mais atual do que o jornal do dia.

A palavra que Davi emprega aqui para referir-se à Palavra de Deus é *lei ou torah*. No contexto deste Salmo, significa a totalidade do que Deus nos revelou. A lei de Deus é perfeita, ou seja, inteira, completa, suficiente. Não precisamos de outra revelação. Tudo o que é necessário para a nossa fé, conduta e ação está revelado nas Escrituras.

Segundo, ela é *fiel (v. 7)* – "O testemunho do Senhor é fiel." O que Deus fala, ele cumpre. Nenhuma de suas promessas cai por terra. Deus vela pela sua palavra e a cumpre. Ela é a verdade absoluta, completa, cabal. A palavra *testemunho* mostra as Escrituras como depoimento divino, ou seja, o que ele é e o que ele requer de nós como seu povo. Esse testemunho é fiel no sentido de que merece toda a nossa confiança.

Terceiro, ela é *justa (v. 8)* – "Os preceitos do Senhor são retos." A Palavra de Deus é justa quando revela Deus na sua majestade, soberania, poder e também ao enfocar sua misericórdia. É justa quando fala que o homem é barro, mas é alvo do imensurável amor de Deus. É justa quando narra a vida dos santos de Deus sem omitir os seus fracassos.

A palavra que Davi usa aqui é *preceito*. As Escrituras nos trazem os princípios divinos para uma vida irrepreensível. A Bíblia é o manual do fabricante. Ela tem tudo o de que precisamos para uma vida sensata, justa e piedosa. Os preceitos de Deus são retos. Conduzem-nos pelas veredas da verdade, e não pelos labirintos do engano e da mentira. A Palavra é lâmpada, é luz, é farol. Quem anda segundo a sua direção não tropeça.

Quarto, ela é *pura (v. 8)* – "O mandamento do Senhor é puro." A Palavra de Deus é pura e santa porque o seu autor é santo. Tudo que procede de Deus é santo e puro. Ela não é somente pura, ela é purificadora. É por meio dela que o jovem pode guardar puro o seu caminho. Ela é a água que nos lava. Nela não há nenhuma contaminação. Ela é luz e onde ela chega as trevas do engano não podem prevalecer.

Quando Davi se refere à Palavra como mandamento, ele deixa claro que ela é uma palavra autorizada. A Bíblia não é um livro de sugestões. Ela não é um manual de opções sagradas. Os mandamentos de Deus nos são dados para que os cumpramos à risca. Eles são necessários e imperativos.

Quinto, ela é *eterna (v. 9)* – "O temor do Senhor é límpido e permanece para sempre." Os conceitos, os postulados, os dogmas e as filosofias humanas passam, mas a Palavra é eterna. Ela não sofre revisão. Ela não se desatualiza. Ela não se seniliza. Ela jamais fica caduca ou ultrapassada. A Bíblia é absoluta ou é obsoleta. Ainda que os críticos se levantem contra ela, inoculando todo o seu veneno pestilento e desairoso, tentando negar ou adulterar as verdades nela contidas, ela prevalece incólume sobre todas essas conspirações. A Palavra tem resistido a toda sorte de perseguição. Triunfou sobre as fogueiras, foi trancada nas bibliotecas, proibida e caçada como um livro perigoso.

A fúria dos homens maus e a sanha do inferno têm maquinado contra a Bíblia ao longo dos séculos. Homens blasonando arrogantemente suas teorias insanas têm-se levantado com empáfia, em nome da ciência, muitas vezes, tentando ultrajar, atacar e desacreditar as Escrituras, mas seus argumentos solertes são esvaziados e caem no esquecimento com o tempo. Suas vãs filosofias chocam-se contra a rocha inabalável das evidências, e ela, a Bíblia, impávida e sobranceira segue sua trajetória vitoriosa como palavra infalível, inerrante e eterna. Há também aqueles que tentam manipular as Escrituras, dando a elas uma interpretação subjetiva. São esses os que seguem os sonhos dos seus próprios corações ou as visões da sua própria mente e não dão crédito à suficiência das Escrituras.

John MacArthur Jr. faz um alerta pertinente: *Ao contrário do que muitos estão ensinando hoje, não há necessidade de revelações, visões ou palavras de profecia. Em contraste com as teorias dos homens, a Palavra de Deus é verdadeira e absolutamente abrangente. Em vez de buscar algo mais, além da gloriosa revelação de Deus, os cristãos necessitam apenas estudar e obedecer o que já têm.*[14]

Temor é a palavra que Davi emprega para referir-se à Palavra neste verso. Ele está mostrando que devemos entrar nas páginas deste livro sacrossanto com reverência e admiração. Ao entrarmos pelos portais das Escrituras, adentramos em terra santa e devemos nos curvar em sincera adoração.

Os efeitos da Palavra

A Palavra de Deus é poderosa. Ela é o sopro de Deus que dá vida. Ela é o instrumento que Deus usa para chamar os seus eleitos e gerar a fé salvadora no coração daqueles por quem Cristo morreu. Vejamos como Davi enfoca a questão dos efeitos da Palavra:

Primeiro, a Palavra *restaura a alma (v. 7)* – "E restaura a alma." As filosofias humanas por mais profundas e luminosas não podem

---

14 MacARTHUR JR, John. Nossa suficiência em Cristo, p. 73.

A Revelação Gloriosa de Deus

arrancar a alma humana do poço escuro da escravidão. As religiões concebidas no tubo de ensaio da lucubração humana jamais puderam trazer o homem de volta a Deus. Os esforços do homem, suas obras e méritos são insuficientes para soerguê-lo e reconduzi-lo a Deus. O ritualismo religioso, por mais pomposo e dispendioso não pode dar alento à alma humana. O moralismo, por mais zeloso e refinado não consegue alcançar o favor divino. Entretanto, a Palavra de Deus é luz para quem está em trevas, é remédio para quem está doente. A Palavra é fogo que purifica, é martelo que debulha a resistência, é espada que penetra profundamente em nossa vida, cirurgiando os tumores infectos que nos contaminam.

O propósito da Palavra é trazer-nos de volta para Deus. É reconduzir-nos ao propósito original de Deus, é restaurar a nossa alma. Por isso, aquele que a ouve é bem-aventurado. A fé vem pelo ouvir a Palavra. A salvação em Cristo é instrumentalizada pela fé no Cristo ressurreto proclamado pela Palavra. A santificação torna-se realidade pela observância da Palavra. Quando o homem está quebrado e esmagado pelo pecado, algemado pelas correntes do inferno, preso no calabouço do vício, na coleira do diabo e escravizado pelas suas paixões carnais, ao defrontar-se com a Palavra, recebe cura, libertação, perdão e salvação. A Palavra liberta!

Quando o profeta Ezequiel viu aquele repugnante quadro do vale de ossos secos, retrato da condição espiritual de Israel, Deus lhe perguntou: "Filho do homem, poderão reviver esses ossos?" Ele, num lampejo de fé, respondeu: "Senhor, tu o sabes." Então, veio o milagre, quando a Palavra foi profetizada. Daí decorreu a manifestação vivificadora do Espírito e naquele cenário de desolação brotou a exuberância da vida. Do meio da morte eclodiu a vida e os ossos secos tornaram-se um exército poderoso nas mãos de Deus.

Foi a Palavra poderosa de Deus que arrancou os tessalonicenses das cadeias da idolatria e fez deles uma igreja modelo na Acaia. Foi o prevalecimento da Palavra que levou os crentes de Éfeso a denunciar suas obras publicamente e a queimar seus livros de ocultismo. Onde a Palavra chega, nasce a esperança, brota a cura, irrompe a luz e acontece a restauração.

É muito preocupante perceber hoje a tendência da psicologização moderna. As pessoas estão cada vez mais dependentes dos conceitos humanistas da psicologia moderna. Cremos que a psicologia é um ramo científico legítimo que tem o seu valor. Mas muitas pessoas cristãs, recorrem, com freqüência às terapias psicológicas de fundo humanista, achando o aconselhamento bíblico ingênuo, superficial, incapaz de terapeutizar-lhes a alma. Isso é um engodo terrível. A Palavra de Deus é suficiente para restaurar a nossa alma.

O povo de Deus perece por falta de conhecimento. O povo de Deus tem trocado o manancial de águas vivas por cisternas rotas. O povo de Deus tem cavado no deserto e abandonado as suas fontes abundantes. A solução para o homem não vem da auto-ajuda, mas do trono de Deus. A solução para o homem não vem de dentro dele, mas do alto. A restauração da nossa alma não vem da psicologia, mas da Palavra de Deus. A Palavra de Deus é suficiente para trazer cura para as nossas emoções.

Quando Ana estava deprimida, insultada pela sua rival, amargando o opróbrio da esterilidade, chorando, sem comer, em vez de buscar ajuda noutras fontes, foi à Casa de Deus e ali derramou a sua alma na presença do Senhor. Buscou a face daquele que tem todo o poder. Mesmo diante de um problema insolúvel, ela não aceitou passivamente decretação do fracasso em sua vida. Ela creu no Deus que chama à existência as coisas que não existem. Ela creu que Deus faz com que a mulher estéril seja alegre mãe de filhos. Assim, ao ouvir a voz profética através do sacerdote Eli, ela tomou posse da Palavra, agarrou-se à promessa e foi totalmente curada da sua depressão e da sua enfermidade. Ela voltou a comer. Ela mudou o seu semblante. Ela coabitou com o seu marido. Deus se lembrou dela e ela concebeu e deu à luz um filho, a quem chamou Samuel.

Estamos vendo uma geração de crentes que carregam a Bíblia, mas não a conhecem. Andam com a Bíblia debaixo do braço, mas não retêm os seus ensinamentos. São crentes analfabetos da Bíblia. Gente sem discernimento. Gente facilmente influenciável. Gente que bebe um caldo venenoso, em vez de alimentar do leite genuíno da Palavra. Por isso, vemos uma geração de crentes doentes emocionalmente, que não triunfam nas aflições, que soçobram nas tempestades, que se capitulam diante das crises. Precisamos amar a Palavra, conhecer as Escrituras, obedecer a Bíblia, porque dela brota para nós uma fonte de cura, um manancial de restauração.

Segundo, a Palavra *dá sabedoria aos símplices (v. 7)* – "E dá sabedoria aos símplices." Oh! A sabedoria do mundo é loucura para Deus. A sabedoria dos homens, muitas vezes, aliena, afasta o homem da fonte da vida. Torna-o arrogante e insolente. A sabedoria do mundo é terrena, carnal e demoníaca. Ela insulta Deus e exalta o homem. Diviniza o homem e humaniza Deus. Por isso, ela gera escravidão, produz infelicidade, desemboca na morte. É assim que, ao longo dos séculos, levantaram-se homens cheios de empáfia, com a máscara da piedade, engendrando no laboratório do mais rotundo engano, religiões que visam afastar os homens do único caminho que conduz a Deus. Essa pretensa sabedoria, produzida nas sucursais do inferno, não passa da mais consumada loucura.

Entretanto, onde brilha o farol de Deus, a Palavra, chega o vero conhecimento, a sabedoria divina. Sabedoria é olhar para a vida com os olhos de Deus. É ver a vida como Deus a vê. É não andar na contramão da história. É não entrar em rota de colisão com a vontade de Deus. Sabedoria é reconhecer a nossa dependência de Deus, descansar na sua providência e agir na força do seu poder. Sabedoria é seguir as pegadas de Jesus.

Aqui, vemos algo extraordinário: a sabedoria é para os simples e não para os arrogantes. A sabedoria é para aqueles que despojaram-se de toda vaidade e vanglória. A palavra *símplice* traz a idéia de uma porta aberta. Ela evoca a idéia de uma pessoa ingênua, sem discernimento, influenciável, que não sabe fechar a sua mente para uma idéia nociva e perigosa. A Palavra de Deus toma uma mente simples e a torna sábia, capaz de discernir, de entender, de separar o precioso do vil. Contudo, onde reina o orgulho, impera a loucura. A sabedoria é para os que se humilham e reconhecem a necessidade de serem guiados pelo céu. O analfabeto pode discernir o significado da vida, o jovem pode ser mais sábio que o velho, o fraco poder ser mais forte que um gigante. Oh, bendita Palavra que nos dá sabedoria e nos coloca nas veredas do Altíssimo para andarmos em sintonia com o céu.

Em terceiro lugar, a Palavra *alegra o coração (v. 8)* – "E alegram o coração." Este mundo está marcado e dominado pela tristeza. Este mundo está se transformando a cada dia num vale de lágrimas. As pessoas estão vivendo com a esperança morta. Estão sendo surradas por tragédias cada vez mais avassaladoras: são catástrofes naturais que sacodem a terra e fazem tremer os montes; são guerras sangrentas e inumanas que ceifam a vida de milhões de inocentes; são epidemias mortíferas que dizimam milhares de pessoas impotentes; são crises sociais gritantes que jogam no ostracismo da miséria e da fome multidões desesperadas; são crises familiares que arrebentam com as pessoas emocional e psicologicamente. Muitas pessoas nasceram num berço de tristeza, alimentam-se de cinzas, lavam o rosto nas torrentes de suas lágrimas, cobrem-se de luto e se arrastam pela vida entoando o cântico fúnebre da desesperança.

Neste mundo carimbado pela tristeza, a Palavra de Deus surge como fonte de alegria. Ela é âncora para a nossa alma no mar encapelado da vida. Ela é bálsamo para o nosso coração neste cenário cinzento de dor. Nela encontramos refúgio, alívio, consolo, alegria e salvação. Os que bebem da sua fonte dessedentam a sua alma. Os que granjeiam suas riquezas incorruptíveis trapejam os estandartes de verdadeira alegria. Quem obedece os preceitos de Deus evita dissabores terríveis e alcança uma bem-aventurança eterna. Davi, noutra ocasião, falou de forma eloqüente sobre a alegria que a Palavra gerava em seu coração: "O que me consola na minha angústia é isto: que a tua Palavra me vivifica" (Sl 119.50).

Em quarto lugar, a Palavra *ilumina os olhos (v. 8)* – "E ilumina os olhos." O diabo é o príncipe das trevas. O pecado gera cegueira. Por isso, sem Jesus, o homem anda em trevas, tropeça, não sabe para onde vai e cai no abismo da perdição eterna, onde reinam trevas espessas! A escuridão é símbolo de ignorância, de torpeza, de insalubridade, de morte. É sob o manto das trevas que os facínoras engendram e praticam suas abominações mais execrandas. É na escuridão que os homens insensatos tentam viver para acobertar suas insanas e insensatas transgressões.

Mas, neste cenário trevoso, neste reino de trevas, irrompe a luz da Palavra de Deus. Quando esta luz banha a nossa vida, ilumina os nossos olhos e clareia o nosso caminho, então os olhos da nossa alma são abertos e reconhecemos nossa total falência. Desistimos então de nós mesmos, e refugiamo-nos nos braços daquele que é o Pai das luzes. Saímos dum berço de trevas, dum reino de escuridão e somos transportados para o Reino da luz. A luz traz conhecimento, pureza, vida. Deus é luz. Sua Palavra é luz e por isso, onde ela brilha, os nossos olhos são abertos e iluminados para andarmos nas veredas da justiça.

O valor da Palavra

Davi mostra o valor inestimável da Palavra em dois aspectos distintos:

Primeiro, a Palavra *é melhor do que a riqueza (v. 10)* – "São mais desejáveis do que ouro, mais do que muito ouro depurado." O ouro é símbolo do que há de mais nobre. Ouro depurado é ouro sem escória, ouro puro, valiosíssimo. Mas, a Palavra é melhor do que muito ouro depurado. Conhecer a Palavra, ser restaurado por ela, receber dela sabedoria e iluminação é melhor do que amealhar riquezas. A riqueza por si mesma, não poder bafejar a nossa alma com as benesses espirituais. A riqueza não pode nos colocar no caminho da vida; ela não inspira em nós dependência de Deus. Pelo contrário, Jesus afirmou que é difícil um rico ser salvo e entrar no céu. Não que a riqueza em si seja pecado, mas o homem pode colocar nela a sua confiança. Pode deleitar-se nela, ser absorvido por ela e não ter tempo para Deus nem para sua alma.

Assim, a riqueza, embora dê conforto, não oferece paz. Embora ofereça pompa, luxo e fama não dá descanso para a alma. Embora afaste determinadas agruras na terra, não afasta os horrores do inferno. Mas aquele que descobre a mina da Palavra, cava um tesouro inesgotável, descobre pepitas de valor inestimável e esta riqueza não se compra com ouro, não se vende por ouro nem é mercadejada nas bolsas de valores. Esta é a verdadeira riqueza, que satisfaz o coração no tempo e garante uma herança incorruptível na eternidade. Oh, a riqueza do ouro pode lhe dar um pouco mais de conforto na jornada, do berço à sepultura. Mas e depois?

Jesus perguntou: "O que adianta ao homem ganhar o mundo inteiro e perder a sua alma?" Jesus falou que aquele homem que vivia na opulência, no fausto, nos seus banquetes requintados, com vestes engalanadas, descobriu que atrás da cortina do tempo, na eternidade, sua herança era tormento eterno e fogo inextinguível. Oh, riqueza enganadora! Oh, conforto miserável que desvia o homem de Deus! Oh, refúgio falso que embala o homem nas asas do engano e o joga no inferno!

Sim, conhecer a Palavra é melhor do que ser rico! Devemos ter fome da Palavra e não de ouro. Devemos buscar o conhecimento de Deus e não afadigar a nossa alma em busca de riquezas. Ser pobre de ouro e rico da Palavra é melhor do que ser rico de ouro e pobre da Palavra. O ouro é um tesouro falso. A Palavra é um tesouro que satisfaz. O ouro é um tesouro fugaz. A Palavra permanece para sempre! O outro é um tesouro falaz. A Palavra é um tesouro veraz.

Segundo, a Palavra *é melhor do que o alimento (v. 10)* – "E são mais doces do que o mel e o destilar dos favos." O mel é considerado o alimento mais completo, mais delicioso, mais terapêutico. Ele é a síntese do alimento animal e vegetal. Comer é uma necessidade física básica. Nosso corpo precisa ser alimentado. Ele reclama por isso. Só um corpo surrado pela doença perde o apetite. Comer é também um deleite, dá prazer. E Deus é tão criativo que além de criar uma infinidade de gêneros alimentícios, colocou sabores diferentes neles, dando-nos o paladar para distingui-los. Assim, temos uma variedade fantástica de cores, sabores e prazer nos alimentos.

Entretanto, a Palavra é mais gostosa e nutritiva que os alimentos. Ela dá mais prazer do que o alimento mais saboroso. Ela é mais necessária que o pão. Jesus disse a Satanás no deserto: "Não só de pão viverá o homem, mas de toda a palavra que procede da boca de Deus."

Quando Deus conduziu o povo pelo deserto, alimentou-o milagrosamente por quarenta anos com o maná. Era alimento diário. Logo eles começaram a murmurar, sentindo saudades das panelas de carne, dos alhos, das cebolas, dos pepinos e dos melões do Egito. Mas Deus teve o propósito de tirar deles o paladar do Egito, por isso não variou a alimentação durante quarenta anos. O maná é chamado no Salmo 78.24 de cereal do céu. Eles deveriam desenvolver um novo paladar. Por isso Deus os provou e os humilhou no deserto. Pois bem, aquele maná era um símbolo de Jesus. Ele é o maná e o pão vivo que desceu do céu (Jo 6.34,35). Ao vencedor, a promessa é de que vai alimentar-se do maná que Deus dá. Precisamos ter fome desse pão do céu. Precisamos de alimento fresco todo dia. Precisamos perceber que a Palavra é mais doce que o mel. É mais necessária que o pão. É mais gostosa e dá mais prazer do que o cardápio mais requintado.

O poder da Palavra

Finalmente, Davi pontua de forma esplêndida o poder singular da Palavra. Vejamos em que aspecto o poder da Palavra é manifestado.

Em primeiro lugar, a Palavra *desvenda os nossos pecados ocultos (v. 11,12)* – "Além disso, por eles se admoesta o teu servo; em os guardar há grande recompensa. Quem há que possa discernir as próprias faltas? Absolve-me das que me são ocultas." Onde a luz chega, as trevas precisam bater em retirada. As trevas não prevalecem contra a luz. É impossível ser invadido pelo poder da Palavra, bafejado pela sua luz, sem abrir as cavernas e os corredores escuros da alma. Onde a Palavra chega as máscaras caem, a mentira é exposta e as desculpas não prosperam. A Palavra gera convencimento de pecado.

Quando lemos a Palavra, ela também nos lê. Quando a esquadrinhamos, ela nos sonda. Quando viajamos pelas suas páginas, ela vai abrindo as portas do nosso coração e nos revelando tudo aquilo que estava escondido e sedimentado no porão da nossa vida. Ela, como pá, vai jogando para fora toda a podridão do nosso coração. Como luz, vai mostrando toda a sujeira da nossa vida. Como bisturi, vai rasgando todos os tumores nauseabundos que infectam a nossa vida. Como martelo, vai quebrando toda casca grossa das racionalizações com que tentamos esconder as nossas mazelas. A Palavra é viva. Somos examinados e confrontados por ela. Como dizia Dwight Moody, "a Bíblia o afastará do pecado ou o pecado o afastará da Bíblia."

Muitas pessoas estão vivendo um arremedo de vida. São atores que representam um papel que não vivem na prática. Têm muita folha, muita propaganda, muita aparência, mas nenhum fruto. Têm aparência de piedade, mas por dentro estão cheios de podridão. São religiosos, freqüentam a igreja, falam de Deus, mas vivem atrás de máscaras. São bonitos por fora e podres por dentro. Têm palavras de poder e atos de fraqueza. São santos na aparência e abomináveis a Deus no coração. Têm rótulo, mas não têm conteúdo. Têm nome de que vivem, mas estão mortos. Só a Palavra pode lançar luz nessas trevas. Quando a Palavra é lida, pregada e obedecida, então aquilo que estava encoberto vem à tona. Aquela ferida gangrenada é curada. O pecado é confessado e a cura brota sem detença.

Em segundo lugar, a Palavra *revela o nosso orgulho (v. 13)* – "Também da soberba guarda o teu servo, que ela não me domine; então serei irrepreensível, e ficarei livre de grande transgressão." Só é humilde quem reconhece que precisa lidar com o orgulho. Orgulho é brincar de ser independente de Deus. A Palavra gera em nós dependência de Deus, quebrantamento, arrependimento. A Palavra é como martelo que esmiúça toda a nossa altivez. Ela nos coloca em nosso devido lugar. Só quem é confrontado com a Palavra reconhece sua necessidade de ser livre da soberba. Só quem é iluminado pelas Escrituras percebe que a soberba é porta aberta para outras terríveis transgressões. O maior santo é o que mais tem convicção de que é pecador. A Palavra, como radiografia, revela o nosso orgulho; como prumo, mostra a sinuosidade do nosso caráter; como luz, aponta os nossos erros; como martelo, deita por terra nossa dureza; como espada, cirurgia nossos abcessos malignos. Sim, é a Palavra que nos dá sede de santidade e horror ao pecado. É a Palavra que gera em nós o desejo de sermos santos como Deus é santo.

Em terceiro lugar, a Palavra *gera em nós desejos elevados (v. 14)* – "As palavras dos meus lábios e o meditar do meu coração sejam agradáveis na tua presença, Senhor, rocha minha e redentor meu!" Davi, agora, quer que seus desejos, suas motivações, seus sentimentos, sua vida íntima seja bonita aos olhos de Deus. Ele agora quer coerência, transparência. Quer viver na luz. Quer arrancar as máscaras. Quer viver de forma digna de Deus. Reconhece que não basta ter aparência, não é suficiente ter fachada. Deus quer a verdade no íntimo.

Davi deseja que seus sentimentos e suas palavras sejam não apenas aprovados pelos homens, mas agradáveis a Deus. Ele não busca aprovação popular, não corre atrás de aplausos humanos, não se importa com sua popularidade. O que ele quer é agradar a Deus.

À medida que a Palavra vai enchendo o nosso coração, nossa vida íntima vai sendo transformada. Nosso caráter vai sendo corrigido. Nosso temperamento vai sendo controlado pelo Espírito. À medida que a Palavra vai transbordando de nossa vida, as virtudes do caráter de Cristo, o fruto do Espírito, vão se manifestando em nosso viver, pois vamos sendo fortalecidos com poder no homem interior. Dois corpos não podem ocupar o mesmo espaço ao mesmo tempo. Então, quando estamos cheios da Palavra não podemos estar cheios do pecado. Luz e trevas não coexistem. A Bíblia diz que a boca fala do que está cheio o coração. Se dentro de nós está habitando ricamente a Palavra, dos nossos lábios vão brotar palavras agradáveis a Deus. Então, nossa língua será remédio e não veneno, fonte de vida e não cova da morte.

Davi termina dizendo que a Palavra levou-o a conhecer a Deus como seu refúgio (rocha) e salvador (redentor). Ele não buscou a Palavra por mera curiosidade. Ele viu além da mera letra. Ele conheceu o Senhor da Palavra. Ele encontrou não apenas conhecimento, mas salvação e segurança.

Conclusão

Há provas incontestáveis de que Deus fala. Sua voz pode ser ouvida através da criação. As leis da ciência são a palavra do poder de Deus. Outrossim, Deus faz ouvir sua voz nos refolhos da nossa consciência e sobretudo, nas Escrituras. Deus falou aos pais através dos profetas e hoje nos fala pelo seu Filho. Deus não ficou mudo. Ele não se escondeu sob o manto do silêncio.

O universo inteiro é uma trombeta a proclamar com sonido altissonante a voz de Deus. O universo é o altofalante de Deus. O brado dos profetas, a proclamação dos apóstolos, a cruz de Jesus e o poder da sua ressurreição são mensagens que rasgaram o véu do silêncio, cruzaram os séculos, penetraram em todas as gerações e chegaram até nós com vívida eloqüência.

É digno de nota, também, que a voz de Deus não é confusa. Ela é clara, exigente, desafiadora, solene. Ela está ao alcance de todos. Todavia, os homens, entregues ao engano do pecado, têm, muitas vezes, adulterado e abafado a voz de Deus em seus corações.

O homem, muitas vezes, tem fugido da voz de Deus por franca rebeldia. Outras vezes, tem alterado o conteúdo da voz de Deus, numa louca tentativa de fazer Deus adequar-se aos seus caprichos. Em vez de se render à Palavra de Deus, o homem tem buscado mudar o seu sentido, pensando, com isso, poder escapar dos juízos nela contidos.

Hoje, o mundo está saturado de religiões, que, como cogumelo, nascem em cada esquina todos os dias. As vozes ecoam sem sintonia. Pensamentos esdrúxulos, mensagens alucinadas, doutrinas falsas, ensinos de demônios têm sido proclamados como a autêntica voz de Deus. Precisamos ter discernimento. Precisamos provar os espíritos, para vermos se, na verdade, eles procedem de Deus. Há muito joio no meio do trigo. Há filhos do maligno misturados com os filhos de Deus. Há falsos cristos no meio dos cristãos. Há lobos no meio das ovelhas. Não podemos dar crédito a tudo aquilo que é proclamado em nome de Deus. Vivemos num tempo de intensa apostasia. Há muitos prodígios da mentira para enganar os incautos. Precisamos nessa babel de tantas vozes, distinguir a voz do Pastor e não seguir a voz de estranhos.

A questão mais importante não é discutir se Deus ainda fala hoje. Este fato está acima de qualquer suspeita. O ponto nevrálgico é se o homem tem ouvido a voz de Deus. Na verdade, até as pedras estão clamando. Mas, os homens estão endurecidos como pedra e seus ouvidos estão tampados pela letargia espiritual e pelo preconceito.

A voz do diabo, do pecado e dos prazeres deste mundo tem encontrado mais guarida no coração do homem do que a voz de Deus. Há aqueles que estão sendo embalados a tal ponto pelos prazeres efêmeros e tão enfeitiçados pela busca desenfreada da satisfação de seus desejos imediatos que sufocam a voz de Deus, tapam os ouvidos da alma e preferem agir como a avestruz, enfiando a cabeça na areia, para não tomarem conhecimento do que está acontecendo ao seu redor.

Deixar de ouvir a voz da misericórdia não evitará que o homem escute inevitavelmente o grito do juízo. Ninguém conseguirá manter os seus ouvidos eternamente fechados à poderosa voz de Deus. Só que muitos a ouvirão tarde demais, quando não terão mais oportunidade de obedecê-la.

Sua opinião é importante para nós.
Por gentileza, envie-nos seus
comentários pelo e-mail
editorial@hagnos.com.br

Visite nosso site:
www.hagnos.com.br

Esta obra foi impressa na
Imprensa da Fé.
São Paulo, Brasil.
Outono de 2021.